20代で身につけたい働き方の基本

「君がいてよかった」と言われる仕事のルール

（株）Brave New World　代表取締役CEO
上武大学　ビジネス情報学部　助教
小杉樹彦
TATSUHIKO KOSUGI

新評論

プロローグ　「よい仕事」を追求する

「よい仕事」とは何か？

　これが本書の命題となる。もちろん、唯一絶対の「正解」があるわけではない。一〇〇人いれば、一〇〇通りの答えがあるはずだ。そういう意味では哲学的だが、極めて実践的、根源的な問いでもある。

「君がいてよかった」

　この一言のために、私はこれまで自身の仕事に邁進してきた。そうして学んだ、仕事の本質をまとめたものが本書である。

「身近によい仕事の手本がない」

「大切な人によい仕事をしてもらいたい」

　このように思っている人にも、ぜひおすすめしたいと思っている。というのも、本書では業界、職種を問わず、広く通用すると思われる普遍的なルールを挙げて説明しているからである。あなたが対処・対応に困らないよう、五章に分けてそれらのルールについて私なりの解説を記している。

第1章では「人間関係」をテーマに、信頼関係を築くために必要な「距離感」のつかみ方について述べている。上司や同僚といった、仕事をするうえでの人間関係はもちろんのこと、家庭においても欠かせないスキルとなるはずだ。

第2章では「お金」をテーマにして、その性質について述べている。お金はあくまでも目的を達成するための「手段」であるわけだが、そのことを踏まえて、自分なりに「いかに稼ぎ、いかに使うべきか」を考えてほしい。

第3章では「健康管理」をテーマにした。長寿社会で長く働くための「健康維持・増進法」について述べている。一口に「健康」と言っても、それは「精神的」なものと「身体的」なものに分けることができる。両者は、車で言えば両輪の関係となるため、その両面から触れることにした。

第4章では「キャリア」をテーマに、「リスク」の観点から後悔しない進路選択について述べている。リスク論的な考え方は、先の見えない時代において必須の教養となる。リスクへの理解を深めると同時に、「未来とどのように向き合うべきか」を考えてほしい。

そして、最終章となる第5章では「生産性」をテーマにして、一人ひとりが創造性を発揮するためのスキルについて述べている。生産性を上げるためには、個人と組織の二つの側面からアプローチすることが不可欠となるわけだが、とりわけ本章では組織の一員としての個人の生産性向上について触れることにした。

本書の全体を通じて、ノウハウの類は最低限度に抑え、その「考え方」を示すように配慮することにした。その理由は何事においても必ず意味があるからだ。マニュアル通りにしたからといって、それでよいとはかぎらない。一歩社会に踏み出せば、そのことがすぐに分かる。このことを理解することで「よい仕事」につながっていく。

第1章から順を追って読み進める必要はまったくない。あなたが興味をもった章から読みはじめていただけるよう構成にも配慮した。また、気に入った箇所や記録しておきたい箇所があれば、各章末に「メモ欄」を設けているので、自分なりの情報を書き加えるなどして積極的に活用してほしい。

本書が、「よい仕事」をしたいと願っているみなさんの助けとなれば望外の喜びである。

もくじ

第2章 お金——いくら稼いだかより「どう使ったか」

第3章 健康管理――無理をしないのは一生働き続けるため 79

第4章 キャリア――未来の「不確実性」と向き合う　111

第5章 生産性——テクニックを「使えるスキル」に変える

20代で身につけたい働き方の基本——「君がいてよかった」と言われる仕事のルール

第1章

人間関係——「距離感」を制する者が人づきあいを制す

インターネットがいくら発達しても、尽きることのない永遠の命題が人間関係である。仮に、パソコンを使って仕事を行うような人、つまり直接会うことなく仕事を進める場合でも、ディスプレイの向こう側には必ず「人」がいるのだ。

人間関係を築くうえで大切なことと言えば、相手との「距離感」をいかにしてつかむことができるかという一点に尽きる。近すぎると馴れ馴れしいと疎まれるし、逆に遠すぎると冷たい人と思われて壁をつくられてしまう。それゆえ、距離感をつかめずして相手の心をつかむことはできない。「距離感を制する者」が「人づきあいを制す」と言っても過言ではないだろう。

本章では、そのために大切となる事例をピックアップし、人間関係という視点から「よい仕事とは何か」について論じていくことにする。

1 人づきあいの達人は「距離感」の達人

時代が変わっても、仕事における悩みで断トツの「ナンバー1」と言えば「人間関係」だ。よい人間関係を築くことなく、よい仕事に携わるということはあり得ない。つまり、「よい仕事」と「よい人間関係」はセットになっているということだ。

人づきあいがうまい人というのは、「距離感の達人」であるとも言える。では、「距離感」とは何だろうか？　それはズバリ、「線引き」だと言える。しっかりとした基準をもって線引きができていれば、自信をもって人と接することができるし、「おやっ!?」と思った瞬間、「これはおかしい」ということが自ずと分かるようになる。

では、仕事において距離感をつかむためには、どこで線引きをすべきなのだろうか？その答えは、「働くうえで」ということになる。働くうえにおいてしっかりと線引きができていれば、仕事上のあらゆる人間関係のトラブルは回避することができる。

たとえば、企業に蔓延しているハラスメントも怖くない。近年は、セクハラやパワハラ以外にも、モラハラ、アルハラ、オワハラ、マタハラ、テクハラ、ハラハラ、エイハラ、マリハラ……といったように多くのハラスメントが生み出されている。大学という研究の世界では、「アカデミックハラスメント」、通称「アカハラ」が横行している。研究者の世界でも、論文をめぐってハラスメントが多いということだ。事実、その対処法として「委員会」などが各大学に設置されている。

これらハラスメントの対処法を伝えることが、ここで述べたい本質ではない。ハラスメントが問題になる多くのパターンは、人によって判断が分かれる「グレーゾーン」の存在である。このグレーゾーンへの対処は、まさに距離感がつかめていないとできないだろう。

ハラスメントとは、「職場を運営していくうえで、あってはならない言動のこと」である。本来、ここで線引きができてさえいれば、ハラスメントというトラブルが起きることはあり得ない。たとえば、仕事上、本人確認などが理由で女性に年齢を尋ねなければならないシーンであっても、尋ねたからといって「セクハラだ！」と訴えられることはないのだ。

もし、「この場合はどうなのか微妙……」というグレーゾーンが出てきたら、まずは「働くうえでは……」という視点に立ち返って対処してほしい。

Episode

セクハラの判断基準について、「相手が不快に思ったらセクハラだ」と言い放つ人がいる。どうも私は、その判断基準に納得がいかなかった。

たとえば、仕事に関係のないシーンで、異性の同僚に恋人の有無を尋ねるというのはセクハラに該当する。これに関しては、多くの人が納得するだろう。しかし、好きな食べ物を尋ねても相手が不快に感じたらセクハラだとするのであれば、その人には何を尋ねてもセクハラになってしまうことになる。つまり、会話が成立しないということだ。

そこで、知り合いの女性社会保険労務士に、このことについて直接質問をしてみた。すると彼女は、「それはセクハラには当たらない」と教えてくれた。その理由は、「セクシャルの要素が入っていないから」とのことだった。となると、「相手が不快に思ったらセクハラ」というのは乱暴な定義と言える。

「〇〇ハラ」のようにハラスメントを細分化して呼ぶことに問題の本質はないが、セクハラの定義については「なるほど」と納得した。

2　人間関係のツケは一気に挽回できない

よい仕事をするためには、職場だけでなく、家庭における人間関係も重要となる。誰しも、家族や恋人との関係がギクシャクしていたら仕事に集中できないだろう。頭では分かっていることだが、多くの人が大切な人との時間を疎かにしてしまっているように感じる。

「週末に仕事が入って、遊園地には行けなくなった」と言って子どもに謝り、「取引先との話が長くなって……」と言い訳をして、恋人に謝る。

このようなことが積もり積もって、取り返しのつかない溝をつくってしまうことになる。仮にこれらのツケをまとめて返上しようとしても、それは不可能だろう。

「一気に挽回できる」と考えていること自体、距離感がつかめていない証拠と言える。一度冷えきってしまった人間関係を元に戻すのは、並大抵のことではないのだ。

距離感を保つためには、定期的なコミュニケーションを欠かすことができない。たとえば、夫婦の場合、朝、家を出るときにはきちんと顔を見て「行ってきます」と挨拶を交わそう。そして、帰宅したときには、「ただいま」と言ってハグをして欲しい。

もし、すれ違いの生活のため会話ができないのであれば、冷蔵庫にホワイトボードを設置して、お互いにメッセージを書くのもよいだろうし、メールで伝えるというやり方もある。いずれにしろ、工夫次第でいくらでも解決策はあると思うが、私はやはり、直接顔を見て言葉で話すことに勝るものはないと思っている。ただ、謝るときにはちょっと勇気がいるかもしれないが……。

できない理由や言い訳を考える暇があったら、「どうやったらできるか」と知恵を絞ろう。大切な人を失いたくなければ、日頃から十分な時間を割き、コミュニケーションを図るしかない。目の前にいるたった一人を幸せにできなくて、社会を幸せにするための仕事ができるとは思えない。

Episode

「昨日の常識は今日の非常識」と言われるくらい目まぐるしく状況が変わる仕事の世界では、あっという間に時間が過ぎてしまう。気づいたら、「もう何年もあの人に会っていないな」ということもしばしばある。そんな変化の激しい時代において人間関係の鍵となるのは、「ゆるくつながること」だろう。

中学校の同級生に小川佑君という人がいる。バスケット部で一緒に三年間を過ごした。お互いレギュラーだったこともあり、話す機会は比較的多かったが、いつも一緒につるむような「仲良し」だったかと言えば、決してそうではなかった。休み時間も別々に行動していたし、学校がない日に待ち合わせて遊びに行ったという記憶もほとんどない。

たいていの場合、そのような友人とは、中学校を卒業して別々の道に進んでからは疎遠になる。しかし、彼とは今でも「近すぎず、遠すぎず」の心地よい距離感が保てている。傍《はた》から見たら、私たち二人の関係は意外なものに映るかもしれないが、いつも一緒にいるだけが仲間ではないということだ。

仮にリアルでのつきあいが難しかったとしても、SNSが発達したことで、一度知り合いになった人ならいつでも気軽にコミュニケーションが取れるようになった。それだけ、たまにネット上で会話するような「ゆるい人間関係」を構築しやすくなったと言える。

ちなみに小川君は、現在、出版業界大手の取次会社である「日本出版販売」に勤務しており、現場の第一線で活躍している。まさか、三〇代になって仕事の相談をする仲になるとは夢にも思っていなかった。もちろん、本書の出版のことである。世の中、どこで誰とつながるか分からない。

3 「挨拶」にも一流、二流、三流がある

人間関係は「挨拶」からスタートする。仕事における基本中の基本、それが挨拶だ。いかなる職場で働こうが、挨拶を必要としない仕事はない。ただ、この挨拶にも一流と二流、そして三流がある。もちろん、よい仕事をする人は「一流の挨拶」ができている。

一流の挨拶には、次の三つの条件が必要となる。

①**自分から先にする**――「受け身」ではダメ。目が合った瞬間に相手から先に挨拶をされたら、負けだと思おう。

②**相手を見ながらする**――相手の顔も見ることなく挨拶をするなど、単なる「自己満足」にすぎない。相手をしっかり見ていれば、タイミングも自ずと分かる。

③**心をこめてする**――心のこもっていない挨拶は「三流未満」。心がこもっていれば、必然的に声や表情も豊かなものとなる。

これらのことが欠けていると、二流や三流の挨拶となる。サービス業でも陰気くさい受け答えをするスタッフがいるが、そのような人はたいてい表情も無機的なものとなっている。それだけで客側のモチベーションは下がるし、買うのをやめようか……と思ってしまうものだ。

一般的なマナー本に書かれているような知識や技術がなくても、心がけ一つで、誰でも一流の挨拶はできるようになる。たった二秒の挨拶で、評価を上げることもあれば、せっかくのチャンスを棒に振ることもあるので、肝に銘じていてほしい。

最近は、両耳をヘッドフォンでふさぎ、歩きながらスマホの画面を見ている人が多い。それが理由で、トラブルや事故も起きているということがマスコミでも報道されているが、これらの人は、せっかく評価を上げることのできる機会を放棄しているようにも思う。

とくに東京のような大都会の場合、街なかで誰に会うか分からない。ひょっとしたら、取引先の人とすれ違っても気づかず、無視をしてしまうかもしれない。そんなことで「よい仕事」ができるわけがない。

たかが挨拶、されど挨拶――よい仕事をする人は挨拶も気持ちがよい。

「港区のタワーマンションには、きっと一流の人しか住んでいない」

このように考える人がいるようだが、それは大きな誤解だ。たしかに、「港区」とか「タワーマンション」という言葉から連想されるのは「高級」とか「一流」といった言葉になるだろう。

しかし、その人たちの行為は必ずしも「高級」「一流」と言えるとは限らない。毎朝、私がエレベーターに乗っていて、各階から住人が乗り込んできても挨拶が返ってこないということはザラにある。出勤で急いでいるのか、ドアを開けて待っていても、何も言わずに当然のごとく足早に去っていくビジネスマンもいる。往々にして、このような人たちはすぐに見かけなくなる。よい仕事を継続することができなかった「一発屋」的な人であったのかもしれない。

その一方で、すこぶる気持ちのよい挨拶をして乗ってくる小学生もいる。まだ社会にすら出ていない子どもだが、現時点ではすでに一流の道を歩んでいるようだ。少なくとも、私はそう思っている。

4 相手の話をよく聴く

よい仕事をする人は総じて営業もうまい。お世辞にも冗舌《じょうぜつ》とは言えない人も多いが、そもそもトーク力で勝負をしようなどとは考えていない。純粋に、「聴き上手」だから営業がうまいのだ。相手の話をよく聴くこと、これが営業の極意となる。

よく「口は一つなのに耳が二つあるのは、人の話を二倍聴くためだ」と言われることがあるが、私に言わせれば二倍では足りない。具体的なイメージとしては、聴く量と話す量の割合は「九対一」でよいだろう。「あまり話していないけどいいの？」と思うかもしれないが、これは決して言いすぎではない。繰り返すが、成果を上げ続けることのできる営業マンは、「聴く力」に長けている。

「聞く」と「聴く」には、営業において大きな違いがある。前者はボーッとして、右から左へとただ音を流しているだけのようなものだ。相手が真剣に仕事の悩みを相談していても、頭の中では「今日のお昼は何を食べようかな」などと考えていることもある。

一方、「聴く」とは、じっくりと腰を据えて話を理解しようとしているイメージだ。だから、頷いたり、時折、笑顔を見せたりもする。もちろん、感情がそうした仕草に表れることもあるだろうが、これらは「聴く力」の一技能と言える。相手に対して、「しっかり聴いていますよ」という意志表示として表情をつけたり、手を叩いて笑ったりするのだ。あまりオーバーにすると、「この人は本当に聴いているのだろうか?」と疑われてしまうが、さりげなく行えば、相手は気持ちよく話すことができる。それにより、話し手のテンションも上がってくる。

このように、よい仕事をする人は、相手によい気持ちになってもらいながら次々と商談を成立させていく。「相手の話をよく聴くこと」、たったこれだけで、あなたの仕事の質は劇的に向上することになる。

Episode

就職して間もないころ、私も「営業は喋ってナンボ」と思っていた。しかし、実際、起業して自分で商談交渉をするようになると、「聴く力」の重要性に気づくようになった。相手の話を真剣に聴くことで信頼を勝ち取り、その場で商談がまとまったということが数え切れないぐらいある。こちらはほとんど何も話していないのに、相手から「どうか取引してほしい」とお願いをされたのだ。それも、二〇〇万円、三〇〇万円といった高額な商品においてである。

一度しか会ったことのない人でも、そこまで気持ちをガッチリとつかめるということは、「聴く力」の偉大さを物語っている。

5 話の「意図」をくむ

断言する。人間関係の問題は、すべて「コミュニケーション」で解決できる。たとえば、あなたが「仲間に裏切られた」と言って落ち込んだとしよう。その場合、九九パーセントは「誤解」だと思って間違いない。落ち着いて、ボタンのかけ違いを直そう。そうすれば、きっと関係を修復することができる。

裏切り者は、最初から裏切るつもりで近づいてくる。いわゆる「スパイ」がその代表であろう。悪意をもって近づいてくる人間を除けば、裏切りなどは皆無と言ってよい。

ボタンのかけ違いは、相手が話す内容の「意図」を取り違えていることから起こる場合が多い。

意図とは、言葉の裏側に潜んでいる相手の本音である。話の「狙い」と言ってもよいかもしれない。何気ない日常会話や質問のなかにも、必ずこの「意図」が存在している。よい仕事をしている人は、会話のなかで意図をくみ、その「意味合い」を考えている。

一方、機械的な対応をする人は、相手の言葉を鵜呑みにしている場合が多い。たとえば、企業の採用面接において、「最後に何か質問はありますか?」と尋ねられた場合、「とくにありません」などと素っ気なく答えているようでは内定をとることは難しいだろう。

相手の言葉を真《ま》に受けてはいけない。このような質問を「絶好のアピールチャンスだ」と捉えることができた人は見込みがある。ここで、

「質問ではないのですが、最後にもう一度だけ自己PRをさせていただいてもよろしいでしょうか?」

と言ってみてはどうだろうか? そうすれば、ほぼ間違いなく許可される。というのも、採用面接の担当者は、このような「返し」を今か今かと待っているのだから。

相手が、直球だけで質問を投げかけてくれるとはかぎらない。とくに、採用面接のようなシーンでは、すべての面接官が話のプロではないため、その意図が分かりにくい場合も

ある。もし、意図がつかめなければ、

「○○とは、このような理解でよろしいでしょうか？」

と質問してみればいいだろう。

いずれにしろ、「相手が何を考えているのか？」と、常に意識を傾けることが重要となる。相手の意図をくむことができれば、言葉のキャッチボールは断然ラクになる。

Episode

慶應義塾大学名誉教授の竹中平蔵先生は、話の意図をくむ天才だ。竹中先生といえば、小泉内閣時代に郵政民営化担当大臣などを歴任された大人物である。私がこれまで出会った人のなかでも、一、二を争うほど頭が切れる人だ。

当時、学生だった私は、講義以外で個人的に相談に乗っていただけるということで、ありがたい反面、もの凄いプレッシャーを感じていた。十分に相談内容をまとめて面会したつもりだったが、いざ話してみると支離滅裂。熱意が空回りしてしまい、論理的に話すことなど到底できなかった。

「これでは話が伝わらない」と、心の中で話している自分が感じていた。しかし、竹中先生はしっかりと耳を傾け、「ふむ、つまりこれはこういうことですね」と、私の伝えたいことを的確に把握して意図をくんでくれたのだ。このときばかりは、「日本のブレーン」とまで世間に言わしめる人物の理解力は、やはり伊達ではないとつくづく感心してしまった。

よい仕事をする人は、多少相手の話し方が感情的であっても、その意図をくもうとしてくれるものだ。大事なのは、発音や文法そのものではなく、何を伝えたいのかという中身となる。

余談だが、その後、竹中先生には、私が上梓する本のインタビューや帯コメントに協力していただくなど、大変お世話になった。

6 相手の話を素直に聴く

前節では、相手の話の意図をくむことが大切だと述べたわけだが、これは決して相手に対して「斜に構える」ということではない。間違っても「ゲスの勘繰り」はしないことだ。

こちらが何かを言うと、真っ先に口をついて「いや……」と否定から入る人がいる。相手の話を素直に聴くことができないのだ。よい仕事をする人は、すこぶる素直である。余計なことを考えずに、まずは相手の話をストレートに受け止める。だから、相手も気兼ねなく相談することができる。自分の話を素直に聴いてくれない人に、あなたは相談しようとは思わないだろう。

会社が新卒の社員に求めている能力の一つに「素直さ」が挙げられるが、これを「会社の言いなりになること」と解釈している人がいたら、それは大きな間違いだ。話を聴いた結果、答えは「ノー」でも構わないのだ。妙な偏見はもたず、相手の話の意図を正しくくみとり、円滑な人間関係を築くようにして欲しい。

Episode

ある中学校で校長を務めている知人から聞いた話を紹介しよう。毎年、この中学では教育実習生を受け入れているのだが、あるとき、同時に二人の大学生が教育実習にやって来た。当初は、二人とも慣れない仕事にぎこちなさを感じていたが、徐々にこの二人の評価に差が現れはじめた。

一人の実習生は上司役の教員から発せられるアドバイスを素直に聴き、短期間でグングン成長したが、もう一人の実習生はせっかくのアドバイスをうがった見方で捉え、聞き入れなかったという。注意されても、事あるごとに反論し、自己流ですべてを進めたようだ。言うまでもなく、結果もついてこなかった。

最終的に、前者は無事に教員免許を取得し、現在は中学校教師として教壇に立っているが、後者がその後どうなったのかは知らない。いずれにしろ、素直さの足りない人間は、一人前のビジネスパーソンとして社会に出ることが難しいということを、踏まえておいていただきたい。

7 マナーとは、相手を不快にさせないこと

「マナーが人をつくるんだ」

この言葉は、『キングスマン』(二〇一四年)という映画の主人公、ハリー・ハートが劇中で言い放った名言である。私のお気に入りの言葉なのだが、元々はオックスフォード大

学のニュー・カレッジの創設者であるウィリアム・ホーマン（William Horman）が残した言葉らしい。生まれや家柄ではなく、自ら学んで身につけたマナーこそが立派な人間をつくり上げるという意味だと解釈している。

一言でいうと、マナーとは「相手を不快にさせないこと」である。そのために必要な作法は、生まれつき備わっているものではないので、教育によって身につけることになる。そう考えると、マナーの向上は教育の賜物と言えるだろう。

仕事の世界では、マナーが極めて重要となる。そのため、一般的な会社に就職すると、「ＯＪＴ（On-the-Job Training）」と呼ばれる研修を受けることになる。その研修では、「名刺の渡し方」から「テーブルマナー」に至るまで、ありとあらゆるビジネス作法が徹底的に叩き込まれる。

多くの新入社員が、何時間もの座学に耐えながらその作法をマスターしていくわけだが、このような場で教えられている作法は「均一」なものでしかない。つまり、対峙する相手が変わるということは配慮されていないのだ。したがって、この研修を優秀な成績で終えた人ほど人間味のない対応をするケースが多い。

一般的な研修では、肝心なことを教えてくれない。マナーの本質は、お辞儀の仕方でも、メールの書き方でもない。マナーにおいて絶対に忘れてはいけないもの、それは「心」である。マナーは、心がこもっているかどうかに尽きる。ゆえに、「形だけ」のマナーほど相手を不快にさせることはない、とも思っている。

マナー本来の意味を理解し、心をこめて実践できるかどうかが鍵となる。よい仕事をする人は、実践の場においてマナーを磨いている。研修で身につけるのではなく、体験しながら学び続け、必要となる「心」を備えていく。心のこもったマナーは、携わる仕事そのものを気持ちよくしてくれるものだ。

マナーで評価を下げる人。マナーで評価を上げる人。さて、あなたは、どちらの人になりたいのだろうか？

Episode

マナーと聞いて、真っ先に頭に思い浮かんだ人がいる。サムこと古川享氏だ。サムは、私に生きたマナーを教えてくれた。サムは「ビル・ゲイツがもっとも信頼する日本人」と言われ、日本マイクロソフトの社長として長年にわたってトップを走り続けてきた業界の重鎮である。学生や若手社員にとっては雲の上の存在となるが、それにもかかわらず、誰にでも気さくに接してくれる。また、大変グルメ家でもあり、私もさまざまな場所に案内していただいた。

ただし、マナーに関しては徹底して厳しかった。ある日、六本木ヒルズの最上階にある会員制レストランに連れていっていただいたときのことである。その日は、スタンフォード大学からやって来た留学生も一緒に会食したのだが、私がウエイターに「コーラを……」と言ったところで、サムがとっさに反応した。そして、そのあと、彼らの見ていないところで「コーラをください」と語尾をしっかり言うようにと指摘された。

きっと、世界のエリートと一緒に食事をしても恥ずかしくないようにと気遣ってくれたのだろう。今でも、このときのことを鮮明に覚えている。やはりマナーは、座学よりも実践の場で学んだほうが身にしみて分かるようだ。

8 「好き」でなくても「理解」はできる

あなたにも、「あまり好きではないな……」という人がいることだろう。それ自体ごく自然なことだし、私にも「どうもソリが合わない」という人がいる。とはいえ、「人が嫌い」という人にはよい仕事ができない。

「好きでない人」を「好きになれ」とは言わない。しかし、その人を理解することはできるだろう。そうすれば、「意外に優しい人だったんだな」などと、その人のよいところが見つかるかもしれない。「善い部分」と「悪い部分」、その両方をもち合わせているのが人間だ。「一〇〇パーセント善人」がいないように「一〇〇パーセント悪人」もいないのだ。

「あの人は善い人だから人を騙すはずがない」

「この人は悪い人だからズルをするに違いない」

このように決めつけている間は、人を理解することは絶対にできない。あなたが苦手とする上司にも、よいところがきっとあるはずだ。ひょっとしたら、お客さんにとってはよき営業マンかもしれないし、家に帰れば、よき夫であり、よき父親なのかもしれない。その人の一側面だけを見て判断することはできない、ということである。

人間関係の秘訣として、次の三つを心に留めておくとよいだろう。

①苦手な人と年一回は会う——苦手な人というのは、どこか自分と似ているものだ。自ら

を映し出す鏡だと思って、年に一度ぐらいは会うように努めよう。

②白黒ハッキリつけない——繰り返しになるが、どんな人にも善い面と悪い面がある。よって、すべての話に白黒ハッキリつける必要はない。グレーゾーンがあってもよいのだ。

③マイルールを決める——時に、人はルールを破ることがある。たとえば、まったく自動車の通っていない横断歩道では、私だって信号無視をするかもしれない。そのようなとき、「これだけはどうしても譲れない」というマイルールを決めておくとよいだろう。ちなみに、私の場合、子どもが近くにいるときには交通ルールを徹底しよう、と心に決めている。このように「自分との約束」をつくっておくと、他人に流されることは少なくなる。

Episode

「SEKAI NO OWARI」というアーティストグループが歌う『Dragon Night』という曲に、次のようなフレーズがある。

♪人はそれぞれ『正義』があって、争い合うのは仕方ないのかもしれない

だけど僕が嫌いな『彼』も彼なりの理由があるとおもうんだ♪

実に、考えさせられる歌詞だと思う。もしかしたら、この世に「非論理的」なことなどないのかもしれない。私を含む一般の人からすれば、テロリストは狂気の沙汰にしか見えないのだが、彼らなりの動機があって行動を起こしていることも間違いない。そこには、思想や宗教の違いはあれど、何らかの論理が存在しているはずだ。

私は、事あるごとにこの歌詞を思い出しては、自分がその論理に納得できるかどうかは別として、相手がどのような考えで動いているのかを理解するように努めている。

9 「自分がされて嫌なこと」は人にもしない

残念なことだが、自分よりも地位や肩書きが低い人に対して憂さ晴らしをする人がいる。とくに、体育会系の世界で理不尽な対応を受けてきた人にそのような傾向が強いようだ。

ちなみに、よい仕事をする人は、「部下にも自分と同じ目に遭わせてやろう」とは絶対に思わない。それどころか、「自分が負の連鎖を断ち切ろう」と考える。

人間関係においては「相互作用の法則」が働く。この法則は、「自分がされたように相手に接したり、反応したりする」というものなのだが、それだけ人間の感情や行動は伝染しやすいということだ。

相手が自分に対して好感をもっていると感じたら、自分もその相手に好感をもつようになる。たとえば、プレゼントの交換はプラスの側面となる。逆にマイナスの側面と言えば、悪口の言い合いとなろう。言うなれば、人生は「ブーメラン」なのだ。

それだけに、「自分がされて嫌なことは人にもしない」というシンプルな原理原則を守りたい。これが仕事における人間関係の基本的な考え方であり、上司と部下との適切な距離感の保ち方でもある。まずは、自分が嫌なことは相手も嫌だと考えて接することにしよう。そうすれば、人間関係はスムーズにいくはずだ。

Episode

「自分がされて嫌なことは人にもしない」と述べたが、「好きなことをしたほうがいい」とは言っていない。もちろん、それがプラスに働く場合もあるだろう。しかし、自分が好きなことは相手も好きである、とは必ずしも言えない。

以前、行きつけのステーキハウスで学生に食事をご馳走したことがあるが、その後、「本当は、魚料理のほうが好きだ」ということを別の学生から聞かされた。食べられないわけではなかったようだが、私のなかに「学生は肉が好き」という勝手な思い込みがあったことは間違いない。事前の確認不足であり、その学生には申し訳なかったと思っている。

よかれと思っても、自分の「好き」を強要してしまうと、最悪の場合、ハラスメントになることもある。自己反省も含めてだが、注意が必要である。

ブーメラン

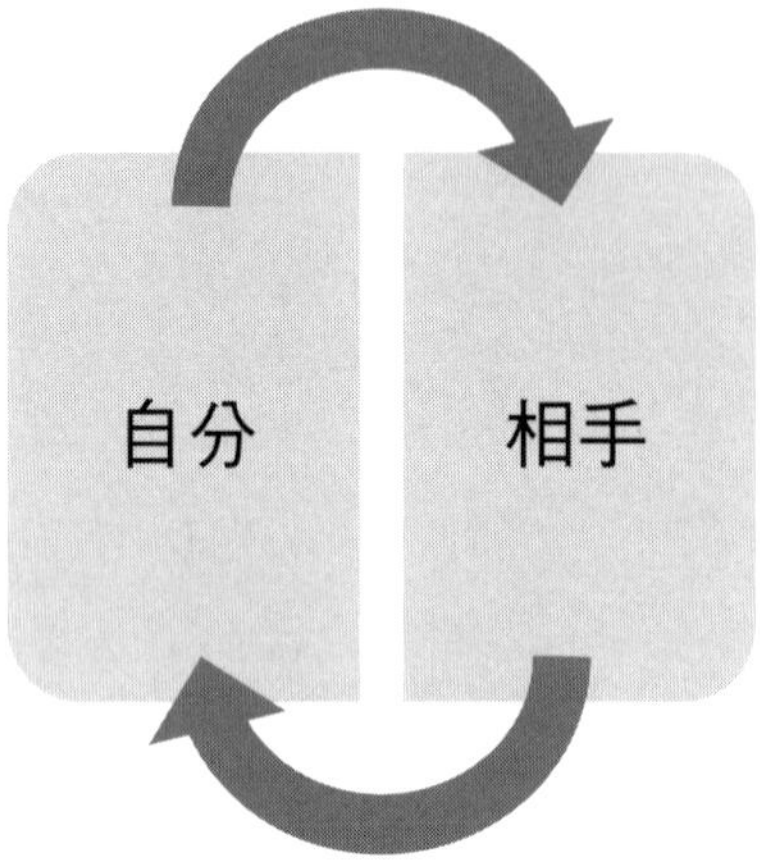

10 本人のいないところで悪口を言わない

二〇代のあなたに、「人の悪口を言ってはいけません」などと説教するつもりは毛頭ない。聖人君子でもないかぎり、たまに人の悪口くらい言いたくなることもあるだろう。ハラスメントに該当するような悪口はその範疇を超えているわけだが、そうでなければ、悪口は仕事を遂行するうえである意味必然とも言える。

よい仕事をする人も悪口を言うことはある。だが、それらの多くの人は、「本人のいないところでは悪口を言わない」ということを鉄則としている。基本として、本人の前で言えないことは誰の前でも言わないということだ。本人のいる前ではよい顔をして、いなくなった途端、その人の悪口を言い出す。それがもっともたちの悪いパターンだ。もしかしたら、あなたの周りにもそのような人がいるかもしれない。

悪口も、本人の前で言えば「指摘」に変わる。たとえば、職場において効率のよくない仕事をしている人がいたとしよう。同僚と陰で「アイツは仕事が遅いんだよ！」と文句を言った場合、そうした噂は瞬く間に職場内で伝搬し、その結果、本人にも伝わることになる。すると、口論などに発展しなかったとしても、「なぜ、直接俺に言わないんだ」と、相手は不信感を抱くことになり、職場の雰囲気が次第にどんよりとしたものになっていく。

一方、本人に直接言った場合（伝え方にもよるが）、一時的に相手がムッとしたとしても、それが事実だとすれば相手も一考することになるだろう。そして、「今度からは、こうしてみようかな」と建設的な改善策を模索してくれるかもしれない。何よりも、「この人は腹を割って話してくれているな」と安心してもらえるだろう。

多少言いにくいことでも面と向かって言える人は、陰でコソコソする必要がないので、逆に周囲から信頼されることになる。よい仕事をする人は、悪口を言うときも正々堂々としているものだ。

加えて、もう一つ押さえておきたいポイントがある。それは、仮に誰かの悪口を聞いたとしても、それを誰かに告げ口しないことだ。実は、悪口を言う行為よりも、告げ口をすることのほうが罪は重い。告げ口こそ、人間関係を悪化させる最低の行為だと肝に命じておこう。

Episode

私がインターナショナル・ビジネススクールで講師として勤務していたときのことだが、お世話になった上司の一人に千葉江里子先生がいる。千葉先生はよい意味で竹を割ったような性格の方で、思ったことは肩書きや立場に関係なく、ストレートにモノを言う人だった。だからと言って、職場で浮いているわけではなく、むしろ実質的なリーダーとして常に責任ある仕事を任され、周囲からの信頼も厚かった。

そんな彼女のモットーが、「本人がいないところで言った悪口は、本人の前でも言う」だった。一見すると、多くの敵をつくりそうに思えるが、よくよく考えてみると、こうした態度が仲間を増やしていくことだと学んだ。

11 「謝ること」は恥ではない

「自分が嫌なことをされたときのことは想像できる」と、誰しもが言うであろう。一方、自分が他人に嫌なことをしてしまったときの状況を考えるのは苦手のようだ。これは、「自分は他人に迷惑をかけていない」という思い込みがあるからだ。

自分が意図していなくても、他人に迷惑をかけていることが多々ある。たとえば、電車内でのイヤホンからの音漏れなどだ。もし、隣にいる人が嫌がっているような素振りをしたら、すぐに謝って欲しい。謝ることは恥ずかしいことではない。もっと言えば、人間関係の修復は、「自らの非を認めることからはじまる」と言っても過言ではない。

世の中には、「一〇〇対〇」という形で、どちらかが一方的に悪いということはない。自分が先に謝ることで、相手も心を開いてくれるものだ。そうすれば、通勤電車の中での無意味なケンカも避けられる。

学生時代、「事故予防」について研究しているとき、次のような話を聞いた。

「子どもの事故は、昨日できなかったことが今日できるようになるから起こる。高齢者の事故は、昨日できたことが今日できなくなるから起こる」

これを聞いて、「なるほど!」と妙に納得したことを覚えている。人間関係のマナーについても同じことが言えそうだ。子どものときにできていたマナーが、歳を重ねるにつれてできなくなっているという現実である。

他人からミスを指摘されても、「いや、でも……」が口癖になっている人がいる。「謝る」

という行為を誤解しているのだろうか。それとも、変なプライドが芽生えてしまっているのだろうか。

謝ることができないために破綻してしまうという人間関係は、数え切れない。よい仕事をする人は、謝るスピードがすこぶる早い。さらに、何について謝罪しているのか、自分はどの部分に落ち度があったのかなどを明らかにしたうえで謝っている。その結果、謝罪しているのに、評価を上げてしまうことにもなっている。

Episode

事故予防の例を挙げて思い出したエピソードがある。社用車を購入して間もないころのことだ。私は自動車免許を持っていないため、いつものように助手席に乗っていたのだが、運転手が交差点を直進しようとしたとき、突然、「ギギュイーーーー!」と前方からブレーキ音が聞こえた。そして、次の瞬間、「ドスンッ」と車内に大きな衝撃が走った。タクシーと衝突したのだ。

乗っていたのが左ハンドルの車だったため、右から侵入してきたタクシーがちょうど私の座る助手席側にぶつかった。幸いなことに怪我はしなかったが、ボンネットやタイヤはペシャンコになってしまった。

毎日、どこかで交通事故が起きているわけだが、一人の人間が一生のうちに経験する回数はそう多くはないだろう。となると、初めて交通事故に遭うと、頭が真っ白になってしまったり、とっさに「すみませんっ!」と謝ってしまうかもしれない。

しかし、交通事故の場合、安易に謝罪してしまうと事故を起こした責任を認めたと誤解され、のちに法的責任を負わされる可能性がある。とくに、言語の違う国に行ったときなどでは注意が必要となる。事故を起こした場合、まず相手にかける言葉は、「すみません」よりも、無事を確認する「大丈夫ですか?」のほうがよいだろう。

12 本当の仲間は窮地に立たされたときに分かる

私の起業は、まさに「一《イチ》」からのスタートだった。たった「一」人の個人事業として開業したわけだが、株式会社化するときの資本金も「一」円だった。一人起業はそれほど珍しいものではないが、資本金が一円というのは、さすがに役場の窓口の人も「法律的にはまったく問題ありませんが、滅多にお目にかからないですね」と驚いていた。

それもそのはず。私が起業したのは大学に在学中のときで、ヒト・モノ・カネといった資源はほとんどなかった。ちょうどそのころ、周囲は就職活動の真っただ中だった。大企業にしか興味のない友人のなかには、「ベンチャー企業って何だか胡散臭い」と言って離れていく人が大勢いた。「とうとうアイツも終わったな」と、陰口を叩いていた人もいたらしい。

そんななか、小学校からのつきあいとなる親友は違っていた。ITに関する知識に長けていた彼は、パソコン音痴の私にその基礎を徹底的に教えてくれた。もちろん、彼自身も就活生としてESや面接準備で忙しいという日々を送っていたのだから、いまだに頭が上がらない関係である。もちろん、私にとっては、そのたった「一」人の親友が、一〇〇にも、一〇〇〇にも、一万にも勝る力になってくれた。

人生において、極限状態を経験することはそう多くないだろう。しかし、本当の仲間かどうかが分かるのは、窮地に立たされたときだと言える。たとえ世界中が敵に回っても味方でいてくれるような人、大袈裟かもしれないが、それが仲間と言える。このような教訓から、私は次の二つのことを大事するように心掛けている。

①普段から仲間を思いやること。仲間を気遣えない人に、よい仕事はできない。

②「貸し」を短期に清算しないこと。「借り」に関しては速やかに返すべきだが、「貸し」については、短期的な見返りを求めてはいけない。

世の中には、あろうことか、受け取った名刺の枚数が仲間の数だと勘違いしている人がいる。社会人となれば、ビジネス上だけでなく、異業種交流会などに参加して名刺交換をするケースも多いだろう。それらの席上で会ったすべての人の顔、翌日にどれだけ覚えているだろうか。

もちろん、そのような機会を否定しているわけではないが、よい仕事をする人は、名刺そのものに仲間としての価値があるわけではないということを知っているものだ。

良いときも、悪いときも、一緒に時間を過ごした人だけがかけがえのない仲間となる。その数を働くなかで増やしていけば、徐々に信用も大きくなっていく。

Episode

世の中には、手のひらを返したようにコロッと態度を変える人がいる。私も、起業から数年経って、経営が軌道に乗り出したとき、一度離れていったはずの人が戻ってきた。しかし、その後に面白い現象が起きた。最初、口では応援してくれていたのだが、私が結果を出せば出すほど相手の元気がなくなっていき、今度は一転して上から目線でものを言うようになった。そして、気づけば、再び距離が遠くなっていた。

人は失敗しても離れていくが、それ以上に、成功しても離れていくということを覚えておこう。

13 「メンター」をもつ

二〇代を振り返ると、失敗の連続だった。しかし、たった一つだけ「よくやった」と自分を褒めてあげたいことがある。それは、心から尊敬できる「メンター」を見つけたことだ。

メンターとは、自分が行く先で迷ったときに「道しるべ」となってくれる人のことである。私の場合、大学院の指導教官である野口和彦先生と出会ったことで人生が大きく好転したように思う。

先生は、東京大学卒業後、三菱総合研究所に入社し、研究理事などを歴任された、まさに絵に描いたような「エリート街道まっしぐら」という経歴のもち主である。だからといって、そのような「輝かしい経歴」に私は惹かれたわけではない。

なぜひともメンターになっていただきたいと思った決め手は、先生の「品位」だった。知識や専門性をもった人なら、ほかにもいたはずだ。しかし、先生ほど品位のある人は滅多にお目にかかれないと直感した。

学生の間では、「ググって出てこないことはノグれ！」という格言まであるくらい、人間性の深い人物である。先生には、現在も研究をはじめとして、仕事やプライベートの相談に至るまでお世話になっている。

さて、このようなよいメンターには、どうすれば出会えるのだろうか。こればかりは運によるところが大きいが、常に意識していればその運も引き寄せることができる。よいメンターを見つけるにあたっては、次の三点が何よりも重要な要素となる。

①「いつ」出会うか——出会いは、タイミングによって大きく左右される。二五歳前後で

よいメンターに出会えるかどうかによって、生き方がガラリと変わることになる。
幸運なことに、私は二六歳のときにメンターと出会うことができた。

②「誰を」学ぶのか――メンターになってもらうのに儀式はいらない。メンターを心から尊敬していること、条件はそれだけである。

③「どのように」学ぶか――せっかくメンターに出会えても、そこから学ぶことができなければ宝のもち腐れとなる。働き方、生き方はもちろん、日常の些細な言動までじっくりと観察することだ。

もし、よいメンターが見つからない場合は、「ブックメンター」を検討してみるのも一つの方法である。ブックメンターとは、実際の人間ではなく、「本」もしくは「著者」をメンターにもつということだ。しかし、メンターが歴史上の人物や滅多に会えない人物だと「生きた学び」を得ることが難しいので、やはり直接相談できる関係性が望ましいと思う。

あなたも、メンターから人生の原理原則を教えてもらおう。

Episode

最近、私のところにも「メンターになって欲しい」という相談が入るようになった。「そう言ってくれることは嬉しいのだが、メンターではなく、少し年の開いた兄貴分としてならサポートできる」と、伝えている。

私にとってメンターは、神に近い存在だと思っている。だからこそ、神と人間の間には圧倒的な距離があることを忘れてはならない。一生をかけて追いかけていくべき存在であり、「いつか追い抜いてやろう」などという気持ちはサラサラないのだ。

だが、ある人から、「メンターを追い越すこと、それがメンターに対する感謝ではないか」と言われたことがある。たぶん、メンターもそれを望んでいるはずだというのだ。もし、二〇代のうちにメンターと出会うことができ、多くを教わることができたなら、それも夢ではないかもしれない。そして、一〇年後、二〇年後、今度はあなたが誰かのメンターになることができたならば、これほど素晴らしいことはない。

メモ欄

第2章

お金――「いくら稼いだか」より「どのように使ったか」

お金は、二〇代でもっとも大きな変化をもたらす命題となるだろう。その理由は、学生と社会人ではお金の流れが一八〇度異なるからだ。つまり、「払う側」から「稼ぐ側」へと立場が逆転するのである。そうなると、目的と手段を混同してしまう人が出てくる。つまり、「稼ぐこと」自体が目的化してしまうということだ。

お金を扱ううえで大切なことは、「いくら稼いだか」より「どのように使ったか」である。お金は手段であり「目的」ではない。必要なお金を稼ぐと同時に、その使い道についても検討しておかなければならない。

本章では、そのために大切となる事例をピックアップし、お金という視点から「よい仕事とは何か」について論じていくことにする。

1 学生と社会人は「お金の流れ」が真逆

「社会人は学生の延長ではない」

このように言われることがあるわけだが、いったいその差はどこにあるのだろうか。両者を明確に区別するポイント、それは「お金の流れ」である。前述したように、社会人になるとお金の流れが一変する。つまり、学生と社会人のお金の流れは真逆になるのだ。

学生は、大学などに対して入学金や授業料といった形でお金を「払う側」となっている。一方、社会人は、会社に労働の価値を認めてもらい、お給料としてお金を「もらう側」となる。言うまでもなく、両者には大きな隔たりがある。学生気分では仕事にならないというのは、こういうことなのだ。

大学と企業

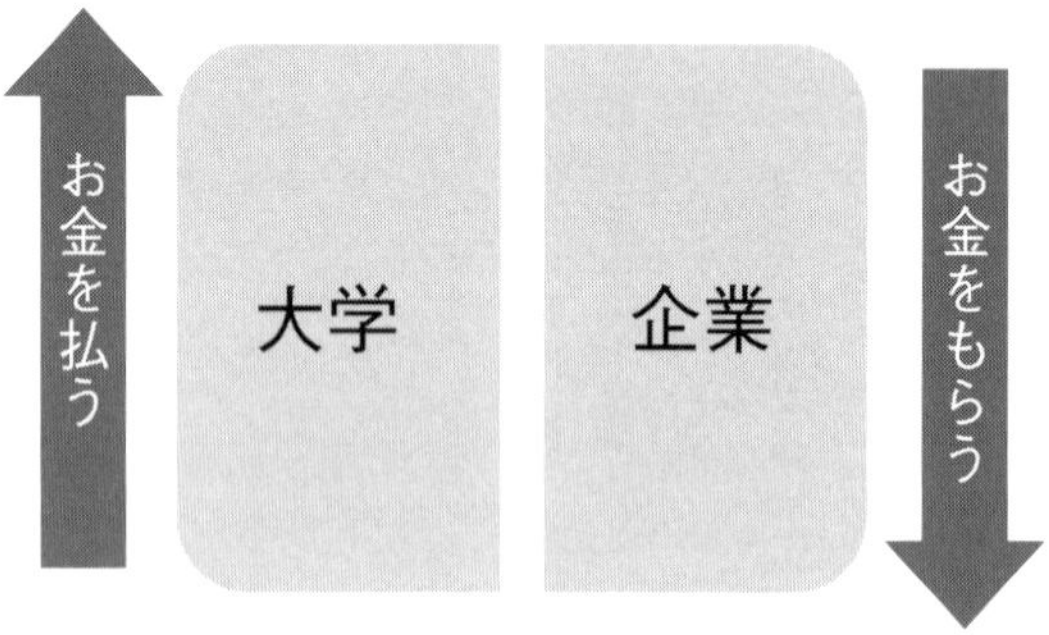

よい仕事をする人はそのことを心得ているので、根本的に意識が違う。社会人は、お金を払って何かをしてもらうのではなく、自分が何かをしてお金をもらう人たちだ。そして、その「何か」がよい仕事でなければ、お金は手元に残らない。

よい仕事をすれば、遅かれ早かれ必ずお金がついてくる。さぁ、よい仕事をして、正々堂々とお金をもらおうではないか。

Episode

「私たちのような起業家やフリーランサーは税金を『納める』と言うけど、一般的なサラリーマンは、決まって税金を『引かれる』と言うよね」

あるフリーランサーと話をしていたときの話である。たしかに、私も税金を払う際は「納める」と言っている。もしかしたら、起業家やフリーランサーの人たちは、自分の名前で仕事をしているという自覚がサラリーマンより高いのかもしれない。

「納税」という言葉があるように、正しい言葉の使い方は「納める」となる。だからといって、サラリーマンが発する「引かれる」という使い方を間違いだとも言い切れないが……。ここで述べたいことは、お金というものは自ら稼ぐものだというスタンスの違いが、日々の言動に現れるということである。

2 「年収一〇〇〇万円」は目的にならない

地元で行われた高校の同窓会に参加したときのことである。ちょうど社会人となって一年目のときだった。参加者の一人が、「みんなで決意表明をしよう」と言い出した。すると、東証一部に上場している企業に勤めはじめた一人が次のように言い放った。

「将来は、年収一〇〇〇万円プレーヤーを目指します！」

この言葉に、何か感じた人が読者のなかにいるだろうか？　もし、違和感をもったなら見込みがある。この言葉、目的と手段が混同している典型的なパターンと言える。つまり、「年収一〇〇〇万円プレーヤー」は目的にはなり得ないということだ。

お金は、価値交換の「手段」である。そのお金で大切なことは、先にも述べたように、「いくら稼いだか」より「どのように使ったか」である。稼いだ一〇〇〇万円は、医療費に当てるかもしれないし、新居を購入するときの頭金として使うかもしれない。いずれにせよ、

「コインコレクターなので、お金を収集するのが趣味です」という人を除けば、その一〇〇〇万円には何らかの用途があることになる。

よい仕事をする人は、お金の使い方もうまい。なぜなら、お金とは別のところに目的があるからだ。たとえば、「親孝行をしたい」とか「仲間を助けたい」などである。

お金そのものが目的になっている人に、お金を賢く使うことはできないだろう。やはり、それは目的ではなく、どこまでいっても手段でしかない。最終的な目的がお金儲けになってしまうと、仕事に美学が生まれることがない。仕事に美学がなければ、それは「よい仕事」と呼ぶことができない。

「あなたがお金を稼ぐ目的は何か？」

その答えは、常に明確にしておきたい。

Episode

国税庁が発表する日本人の平均年収は四二〇万円だという。別の調査による世代別の年収はというと、二〇代は三四六万円、三〇代は四五五万円、四〇代は五四一万円、五〇代は六六一万円となっている。これらの数字は、二〇一六年九月～二〇一七年八月末までの間に、「DODAエージェントサービス」に登録されている二〇～五九歳のホワイトカラー系職種の男女（正社員）、約二九万人を対象とした行われた調査結果である。

そう考えると、「年収一〇〇〇万円プレーヤーを目指す」と言った彼は、志が高いつもりであったのだろう。本書を手にするような人であれば、きっと向上心も高いことだろう。もしかしたら、似たような目標を掲げている人もいるかもしれない。しかし、お金は手段であることをくれぐれも忘れないで欲しい。

3 「これで十分」というラインを決める

挑戦には二種類ある。「天井があるもの」と「天井がないもの」だ。前者の例として挙げられるのは資格や検定などだろう。英検なら、いくら頑張っても一級以上は存在しない。

一方、後者の典型例と言えるのが前項でも述べた年収である。お金を稼ぐという行為に「天井」はない。年収一〇〇〇万円を稼げるようになれば、次は一五〇〇万円、それをクリアしたら二〇〇〇万円の突破といったように、次から次へとステージが上がっていくことなる。

お金が手元に入り出してくるようになると、どうしても「もっと、もっと」と欲が出てくるものだ。しかし、ここが「落とし穴」となる。よい仕事をする人は、「自分にはいくら必要なのか」ということを心得ている。つまり、「これで十分」というラインを決めているのだ。それができるのは、前述したように、目的が明確になっているからだ。目的を決めれば、自ずとそれを達成するために必要な金額も決まってくる。

一時的に仕事がうまく進んで、急に大金を手にすることがあるかもしれない。かつて、これらの人を「成金族」と呼んでいた時代もあった。大いなる嫉《ねた》みも含めて、「どうせ、あいつらは成金だろう」と多くの人が蔑視《べっし》していた時代である。もちろん、やっかみも含まれているが、世間の評価はあまりいいものではなかった。

急激な変化に弱いのが人である。偶然にせよ大金を稼いだ場合、どうしたらいいのかが分からず、一種のパニックに陥ってしまうケースが多い。もちろん、準備不足が原因と言える。

私自身、サラリーマンを辞めた翌年の収入が三倍になった。さらにその翌年には、その倍にまで収入が増えた。もちろん、こうした状況にまったく戸惑わなかったかと言えば嘘になる。だが、舞い上がってしまって、自分自身を見失うことはなかった。その理由は、目的を明確にし、起業する前からイメージトレーニングをしていたからである。

あなたも、目的を定めたら、それが達成された未来をイメージしておくことだ。イメージトレーニングができていれば、ある程度は状況の変化にも対処することが可能となる。

Episode

よく、「宝くじが当たったら○○する!」と言う人がいる。その「○○」を尋ねてみると、数億円を必要とするものでないことが多い。要するに、大金を手にしたことのない人の場合、数億円を使うだけのアイデアがないということである。そして、実際、宝くじはなかなか当たらない。やはり、夢を買っているわけだ。

そんななか、以前に一等を当てたという人の話を聞いた。当選金額は一億円。その人は、「サラリーマンなんてばかばかしい」と言って、一週間後に会社を辞めたという。当時の同僚たちは、その後、彼が何をしているのかまったく知らない。何だか寂しい感じがするのは私だけだろうか。

4 節約を考える前に「稼ぐ力」を養う

二〇代の間に、収入のなかでうまく「やり繰り」できるだけの能力を身につけてほしい。このときに養った金銭感覚が、その後の人生の土台となる。

そもそも二〇代は、稼ぐ力が圧倒的に不足している。しかし、現代社会では、かつてよりも稼ぐ力が求められる時代となっている。昭和期ではインターネット代もスマホ代も必要としなかったが、みなさんもそうであるように、現代社会においてはなくてはならないものとなっている。つまり、光熱費などと同じく、日常生活にかかる必要経費として踏まえなければならないということだ。

世の中が便利になった分、これまでかからなかった諸経費の負担が増大しているし、平均寿命が延びたことで、医療費の増大も深刻な問題となっている。何か大きな健康問題を抱えたとき、まとまった金額をもっていないと不安になるだろう。

三〇代で年収一〇〇〇万円を超えるかどうかが、「トップサラリーマン」の目安となっているらしい。時代の変容を考えると、かつての年収一〇〇〇万円と現代の年収一〇〇〇万円の価値は当然違ってくる。以前は年収一〇〇〇万円と聞くと、「一体、どれだけ裕福な生活ができるのだろう」と羨ましく感じたかもしれない。だが、先に述べたような「年収一〇〇〇万円あれば贅沢ができる」と思い込んでいる人は、厳しい現実を目の当たりにすることになる。

何かとお金のかかるこの時代においては、それほど余裕のある生活はできないというのが現状である。目指す生活水準にもよるが、たとえば結婚をして、どちらか一方が家庭に入り、子どもとパートナーを養う場合、年収一〇〇〇万円で山手線の内側に住むことはかなり難しいと言える。仮に「都内の好立地に住みたい」などという理想をもっている人にとっての一〇〇〇万円は、目指すべき金額ではなく、実際に生活していくうえで必要な金額になったということだ。

とはいえ、年収一〇〇〇万円を超えるには、「稼ぐ」ことに関する基礎体力を養わなければならない。どのようにして稼ぐかについては次の節で述べるが、いずれにせよ二〇代のうちは、稼ぐ力を磨くことに神経を集中させたほうがよい。

五〇代、六〇代になってから稼ぐ力を身につけようとしても容易なことではない。二〇代に稼ぐ力を身につけられなかった人は、その後、苦境に立たされることにもなる。だからこそ私は、読者のみなさんに声を大にして言いたい。
「節約は大事だ。だが、稼ぐ力はもっと大事だ」

5 収入源を複数つくる

三五ページで「私の企業は一《イチ》からのスタート」と述べたわけだが、この「1」、仕事においては「もっとも危険な数字」ともなる。自らの稼ぎを安定させるためには、複数の収入源をつくる必要がある。これこそが「稼ぎ方の極意」となる。

クラウドソーシングのプラットフォームである「ランサーズ（Lancers）」のフリーランス実態の調査によると、現在、約四五八万人（二〇一七年調べ）が何らかの兼業に取り組んでいるという。日本では、「職業選択の自由」という法的観点から、民間企業に勤めている人であっても自由に兼業を行ってよいことになっている（ただし、社則によって禁じられている場合もある）。事実、大手企業をはじめ、国をあげて兼業を推進しているというのが現在の状況である。そして、今後もその増加傾向は続くだろう。

副業

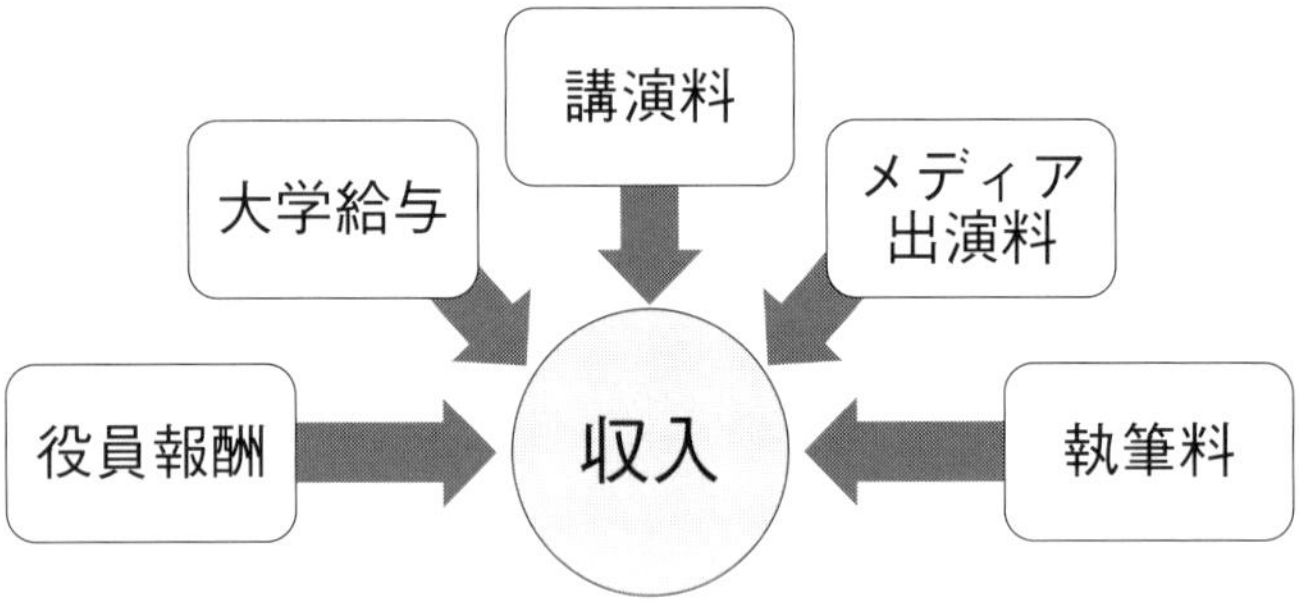

昼間は会社員、夕方五時からは社長になる。これからの時代、こうした働き方も大いにアリだ。収入源が一つしかないと不安だし、いつかリストラされるのではと日々ビクビクしていなければならない状況を踏まえると、複数あると安心感も増してくる。

収入源は、飛行機のエンジンと同じだ。片方のエンジンが止まっても、もう一方のエンジンによってとりあえず飛ぶことは可能となる。つまり、もう一方の収入によって生活を安定させることができるということだ。

このようなエンジン（収入源）は、多ければ多いほどよい。収入源といっても、どのようなものがあるのか、あまりイメージが湧かないかもしれないので、僭越《せんえつ》ながら私の場合をいうと、経営する会社の役員報酬、大学教員の給与、講演料、メディア出演料、本やコラムの執筆料……などがある。一つ一つの収入額は大きくなくても構わない。

一つの収入源で高収入が見込めなくても、複数の収入源があれば、年収一〇〇〇万円以上を稼ぐことも可能である。仮に、メインとなる収入源が年収四〇〇万円だったとすれば、年間六〇万円を得られる収入源を一〇種類つくれば合計一〇〇〇万円となる。

Episode

中小規模の農家の人には兼業者が多い。繁忙期には農作業を優先して、それ以外のときは工場などに勤めて現金収入を安定させている。農業だけだとその年の天候によって収入が安定しないからだ。混迷の時代、サラリーマンやOLといった職業の人にも同じような働き方が望まれている。事実、株や相場をやっている人、休日などにつくったグッズ類をインターネットで販売している人も多い。

海外に行く機会が多いある女性は、訪問先で雑貨類を買い、帰国してからネットで販売をするなどして安定した収入を得ている。もちろん、モノの価値を知っていないとそれはできないわけだから、相応の勉強をしているとも言っていた。「いっそうのこと本業にしたら」と言うと、「まったく考えていません」という回答だった。

6 お金に対する根拠のない罪悪感を捨てる

お金に対して敬意を払い、感謝をしてほしい。よい仕事をする人は、例外なくお金を愛し、リスペクトしている。「ヒト、モノ、カネ」といったように経済用語として使う場合は別だが、よい仕事をしている人は、必ず「お金」と丁寧に言っている。

お金に感謝するということは、野球選手がバットを大事にするのと同じだ。とくにプロ野球選手ともなると、バットを単なる野球道具として捉えている人が少ないという。メーカーに製作を依頼するときも、こだわりをもって長さや重さなどについて自身の希望を伝えている。そして、常に手入れをしているし、試合中においてもその扱いが非常に丁寧である。

ところで、人はなぜお金に対して罪悪感を抱くのだろうか。その理由は、以下のような思い込みがあるからだろう。

一つ目は、お金に執着することを「悪いこと」や「汚いこと」と思い込んでいるからである。言うまでもなく、お金に「善」も「悪」もない。そこには、純粋に「価値」が存在するだけなのだ。

二つ目は、ある人がお金を稼ぐことで（つまり、搾取）、誰かが不幸になると思い込んでいるからである。また、「お金持ちは裏で悪いことをしている」と感じている人も多いかもしれない。

たしかに、一億円近く稼いでいる人が脱税したり、不祥事を起こしてニュースに取り上げられることがよくある。しかし、それは一部の人間でしかない。その一方で、慈善活動を継続的に行っているお金持ちも多々いるわけだ。残念ながら、こちらのほうはなかなかニュースとして報道されない。もちろん、当事者の「謙虚さ」の現れでもある。

いずれにせよ、「お金持ちは『悪』」というのは偏見でしかない。法律に違反することなくビジネスでお金を稼ぐことはできるのだ。繰り返すが、よい仕事をすれば必ずお金がついてくる。

二〇代のうちにお金に対する罪悪感をなくし、愛着をもつようにして欲しい。そうすれば、お金との関係が自由なものとなって、「友人」になれる。よい仕事をするためにも、しっかりお金を稼いでもらいたい。

Episode

「お金の話は一度の会話で二回までにする」

これは、「ベネトンジャパン」の元取締役広報宣伝部部長の渡辺敦子《たかこ》さんから教わったことだ。お金に対して根拠のない罪悪感をもってはいけないと述べたが、逆に、執着するのも印象がよろしくない。品位を損なうことになる。

もちろん、仕事においてお金の話は切っても切り離すことができない。だが、事あるごとに「これはいくらだった」とお金の話をもち出す人は、仕事そのものを台無しにする恐れがあるので気をつけなくてはならない。

その意味では、「二回」というのはちょうどよいだと塩梅《あんばい》だと言えるだろう。さすがは、お金にシビアな広報宣伝部トップの知恵である。

7 安易に値切らない

値切りが前提となっているビジネスはある。大阪のように「値切るのは当然」という地域文化もある。だが、誠実に仕事をしようとするなら、値切りはおすすめしない。値引きできるということは、まだまだ余裕のある価格を提示しているということである。仕事は「真剣勝負」。安易に値切れるような値づけをすることは、買い手に対して不誠実な態度を取っていると言える。

よい仕事をする人は、より良いものを一円でも安くできないかと極限まで追求している。だから、私も値切りには安易に応じないようにしている。「ところで、もう少し割引してもらえませんかね?」などと、相手からすり寄られた時点で取引は中止している。もし、それでも私のほうに関係を続けたい気持ちがあれば、そのときは利益度外視で、ボランティアでもよいから手助けをしたいという気持ちで奉仕することにしている。

こちらが値切るときも、「この値段ではどうにもならない」というときにだけ切り出すようにしよう。「この価格、〇〇円まで下げられませんか?」と尋ねれば、「いつもは値切らないこの人が申し出るということは、よほどギリギリなのだろうな」と、相手も真剣に検討してくれることになる。そんなときは、きっと、あなたの本気度が相手に伝わるはずだ。

Episode

講義でしばしば実例として活用する視聴覚教材にＮＨＫの『プロフェッショナル 仕事の流儀』がある。毎回、現場の最前線で活躍する一流プロフェッショナルを紹介するドキュメンタリー番組だ。仕事で役立つ話はもちろん、働くことに対するモチベーションも上がるので、ぜひあなたにもおすすめしたい。

とくに、商社マンの片野裕さんを特集した回は印象的だった。片野さんは仕事で世界中を飛び回るなか、あるとき発展途上国から資源を調達することになった。その資源をできるかぎり安く調達しようと奮闘したのだが、それが相手側に無理な交渉を強いる結果となってしまった。そして、その後、片野さんは現地の子どもたちが学校に行くこともできない現状を目の当たりにした。

「資源を右から左に動かすだけが商社マンの仕事ではない。自分に何ができるのか……」

このように悩み続ける姿に、私はグッと胸が熱くなった。

このエピソードから学ぶことは、価格交渉は両者がギリギリまで納得のいく形で進めることが大事ということだ。どちらか一方が極端に得をするような交渉は、よい仕事をしたとは言えない。安易な値切りは相手を苦しめることになる。自分だけが得をしようとしては、いつまでたっても社会に貢献することはできない。そのような教訓をこの回では私たちに与えてくれる。

8 お金を使うならモノより「思い出」

幸せの最大の敵、それが何だか分かるだろうか？　答えは「順応」である。

私も聞いた話だが、アメリカ・ニューヨーク州にあるコーネル大学の研究成果によると、「モノは幸福をもたらすが、その効力はすぐに衰えてしまう」という結果が発表されているらしい。どうやら人間は、新しいモノにはすぐに慣れてしまう生き物のようだ。

事実、モノを買うことで得られる幸福感は多くの場合一瞬で消えてしまい、新たな期待がその瞬間に生まれてくる。また、モノは「比較」という概念をもたらし、ついつい他人のモノと比べてしまうという愚かな行為をしてしまうものだ。

モノを買ったときに得られる幸福感が、そのモノがあるかぎり続くと思ってしまうのは間違いだ。お金を使うならモノより「思い出」がよい。とくに、二〇代の思い出づくりは、三〇代、四〇代になって効果を現してくる。体験したことにおいて得られた価値は時間とともに増していくからだ。モノより体験のほうが、長期的な幸福感をもたらしてくれることに気づいて欲しい。

私たちは、この体験の蓄積によって人間形成がされているとも言える。となると、自分への投資として体験を積むことが一番となる。未知なる地へ旅に出よう。映画などを観て笑い、泣いてもいいではないか。スーパーで買ってきた魚より、漁港で食べる魚のほうが美味しく感じることは知っているだろう。ワクワクするような体験をして、いつまでも記憶に残る思い出をつくろう。それが、あなたの財産になる。

Episode

大学の卒業旅行のことは、今でも昨日のことのように覚えている。当初、ロサンゼルスに行こうという計画が出ていたのだが、経済的な都合であえなく断念し、行き先は博多に変更された。現地に着くなりバスの経路を間違え、長時間待ちぼうけをくらうなど、旅はハプニングの連続だった。その間、「結局、ロスだったな」とくだらない冗談を言い合って笑っていた。

だが、こうした一つ一つが何物にも代えがたい思い出として残っている。仲間と一緒に過ごす時間こそが貴重なのであり、極端な話、場所はどこでもよいのだ。実際、一緒に行ったゼミ仲間と先日食事をしたが、卒業旅行の話を思い出して再び盛り上がった。モノは経年劣化するが、思い出は一〇年経っても色褪せない。

9 「自分」に投資する

仕事の本質は、「世のため、人のために貢献すること」である。つまり、社会貢献が前提となるわけだが、前述したように、二〇代の間はまず「自分」に投資することを優先して欲しい。なんと言っても、二〇代で行った投資の場合、その回収期間が長い。イメージで言えば、自分への投資と他者への奉仕は「8：2」が理想的である。より多くの社会貢献ができるように、二〇代のうちは積極的に自分へ投資して、実力をつけることに意識を傾けてほしい。

では、どのように投資をすればいいのだろうか。資格を取るために専門学校に行く、英語力を上げるために英会話教室に行く、見聞を広げるために旅行へ出掛けたりボランティアに参加する、感性を磨くために映画やお芝居を観るなどさまざまな投資があるわけだが、このような場合、投資しているのはお金だけでなく時間も含まれることになる。となると、単に足を運ぶだけだともったいないので、事前の準備が必要となる。

事前の準備として最高のもの、それは、やはり本となろう。読書は、よい仕事をする人にとっての潤滑油である。すこぶる質の高い投資ができる。私は、新刊書を含めて月に一〇冊ほどの本を読んでいる。お金に換算すると、飲み会の二～三回分にも満たないだろう。実に、コストパフォーマンスのよい情報収集の手段と言える。

さらに、本がどのようにしてつくられているのかを考えると、コストパフォーマンスのよさがよりよく分かってくる。

通常、本は、著者が熟考に熟考を重ねて、「美味しいところ」だけを凝縮させてでき上がってくる。一般的な本の場合、テーマに沿った何冊かの本を読んだうえで執筆に取りかかり、出版社の編集者との協議を経て、おおよそ二〇〇ページ前後に編集されて完成となっている。そういえば昔、司馬遼太郎氏が「一つの作品を書くために二〇〇冊以上の本を

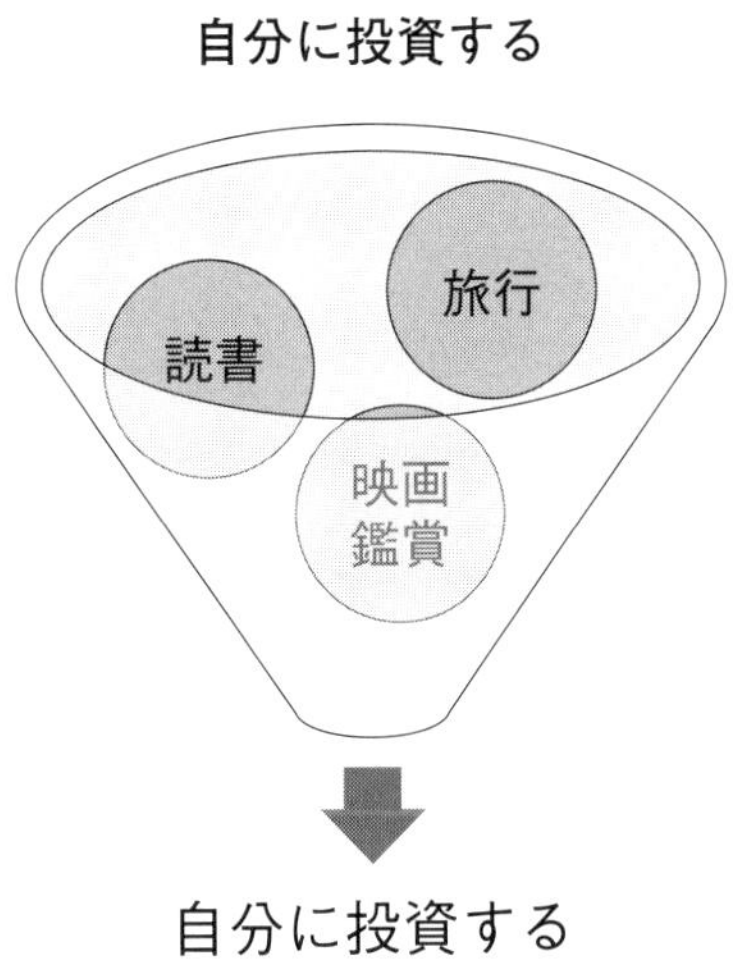

読んだ」とも言っていた。

このように、手間暇をかけて世に送り出された濃密なコンテンツが、一五〇〇円から一〇〇〇円程度で手に入るわけだから、これはど「お得感」のある投資はないだろう。

本を読むことで単純に知識が増えるというメリットもあるが、それ以外にも、好奇心が養われるというメリットもある。知らなかったことを知ったがゆえに、さらなる疑問が生まれるのだ。これを繰り返すことで、自らを成長させることができる。三〇代、四〇代になって、「こんなことも知らんのか」と恥をかくことも減るだろう。

また、二〇代のうちから一流のものに触れるという努力もして欲しい。一〇〇〇円ほどの入館料で美術館や博物館に行けるし、ロビーコンサートに行けば数百円でクラシック音楽を聴くことも現在は可能である。現場に足を運んで本物を観、そこに置かれている無料のパンフレットを読むだけでも「目」が養われるのだ。そして、このようなことを繰り返していると、偽物に出合ったとき、「あれ？　何か変だぞ」という違和感を覚えるようにもなる。

取引先の担当者と話しているときに、事務所に置かれている花瓶を見て、「これって、〇〇ですよね」と一言いうだけで、相手のあなたに対する評価が変わることを忘れないでいただきたい。

Episode

二〇代にうちは自分への投資を重視し、そして五〇代、六〇代になったとき、今度は逆にあなたが二〇代に投資をする。そんなお金の使い方ができたら素敵だろうと思っている。

私自身、ありがたいことに二〇代のうちに多くの先輩方から投資をしていただいた。親子ほど年の離れたある東証一部上場企業の社長には、仲間数人と一緒に、一流と言われるさまざまなお店に連れていっていただいた。今思うと、二〇歳そこそこの若造が、銀座や麻布にある高級店のＶＩＰ席に座っている光景は異様だったにちがいない。

あとでこっそり聞いた話だが、たった一晩で何十万円もご馳走になった日もあったようだ。その際、「これはお前たちへの投資だからな。一〇年後か、二〇年後か分からないが、いつか仕事で返してくれることを期待している」と、冗談めかしに仰っていた。

明け方近くのことだが、帰り道で仲間と一緒にした約束が今でも忘れられない。

「この恩は、絶対に忘れない。自分たちがしっかりお金を稼げるようになってから必ず返そう」

10 親への仕送りを習慣化する

働き出してからずっと続けていることが私にはある。「親への仕送り」だ。あなたも、働き出したら早速はじめて欲しい。少額で構わないので、仕送りという習慣を身につけてもらいたい。

私自身、大学を卒業してから現在に至るまで、一度も仕送りを滞らせたことがない。「自分の生活で精いっぱいなのに、仕送りなんてとんでもない」と嘆く人もいることだろう。しかし、本当に毎月数千円を捻出することができないだろうか。飲み会を一回我慢すればよいだけだ。

親に食事をごちそうするよりも、「仕送り」のほうを私はすすめたい。その理由は、継続しやすいからだ。仕送りは、「習慣化」されてこそ意味がある。毎月五〇〇〇円でもよいから、定期的（決まった日）に送ることだ（できれば、手渡しがベスト）。さらに、その金額を毎年一〇〇〇円でもいいから上げていくことをすすめたい。

大人とは、精神的にも、経済的にも自立している人間のことをいう。つまり、身の周りのことが一人前にできる人のことである。そして社会人とは、社会のために貢献できる人のことである。つまり、一人前であるだけでは不十分で、さらに人を支えなければならないのだ。

自分のことに関しては集中できているといった場合、一人前の自立した人間と思うかもしれないが、社会人としては不十分である。自分のことをやったうえで、家族や周囲の人々を支えるのだ。まずは、これまで育ててくれた親に恩返しをしてほしい。

詩人・宮澤章二（一九一九〜二〇〇五）の作品に『行為の意味』がある。そこから抜粋要約したフレーズを覚えている人もいるだろう。

「こころ」は
だれにも見えないけれど
「こころづかい」は見える
「思い」は
見えないけれど
「思いやり」は
だれにでも見える

二〇一一年三月一一日に発生した東日本大震災のあと、ACジャパンの意見広告でお馴染みとなったものである。この言葉どおり、気持ちは形にしてこそ伝わるものだ。親への仕送りは、感謝の気持ちと、社会人として一歩を踏み出した決意表明となる。

Episode

こんな話を知人にしたら、「耳の痛い話だ」と嘆いていた。そして、次のようにも言っていた。

「そんなこと、考えたこともない。仕送りをするどころか、逆にお金を借りているぐらいだ。東京という大都会に住んで、さまざまなことで恵まれていると思っていたが、経済的には田舎のほうが豊かな感じがする。だから、親からお金を借りているんだけどね。自分の経済感覚もそうだけど、生き方というものを改めて考えないといけないかもしれない……」

11 「一人暮らし」をはじめる

親への仕送りの次にはじめて欲しいのが、「一人暮らし」である。早く一人前になりたいのであれば、実家を出て、一人暮らしをはじめるようにして欲しい。もっとも、地方の出身者で、都会の大学に入学した人は一年生のときから一人暮らしをしているので、ここでは、都会で生まれ育ち、その都会で就職をしたという人をイメージして書いていく。毎月、固定費として出ていくお金で、一番金額が大きいのは家賃だろう。都会の出身者で、その家賃を嫌がり、実家で暮らし続けようとする人が意外と多い。

ひょっとしたら、「個人の生活は、仕事に直接関係しないだろう」と思う人がいるかもしれないが、それは大きな間違いである。恵まれすぎた環境は、人の成長を阻害するのだ。

親は、子どもが二〇歳をすぎたら、いつでも家から出せるように準備をしておかなければならない。逆に、子どものほうも、親から言われる前に「自活を望む」と行動で示さなければならない。二〇代になったら、どのタイミングでもよいから一人暮らしをはじめて欲しい。三〇代になってからでは遅すぎると私は思っている。

一人暮らしには、気持ちを切り替えるという効用もある。住む場所を替えることで心機一転し、新たな気持ちで頑張るチャンスにもなる。仕事において「煮詰まっている」と感じている人は、この機会に一人暮らしをはじめてみるのもいいだろう。

何事もスタートが肝心だ。一度はじめてしまえば、あとは何とかなるものだ。その過程のなかで味わう苦労のなかに社会の本質が見えてくる。もちろん、さまざまなことを自分でやってみて、初めてその大変さが分かるというものだ。

部屋探しから引越し業者の手配まで、すべて自分でやってみる。掃除や後片づけなんて、誰でもできる、ゴミ出しなんてすぐ終わる、と思っていたであろうあなた、やったあとの感想を聞かして欲しい。

フランスの作家、サン・テグジュペリ（Antoine Marie Jean-Baptiste Roger, comte de Saint-Exupéry, 1900～1944）も次のように言っている。

「自分にいって聞かせるのだ。他人がやり遂げたことは、自分にも必ずできるはずだと」（森山晋平・中村千春『成功者が残した引き寄せの言葉』パイインターナショナル、二〇一七年より）

多くの人が、苦労しながらも何とか一人暮らしを続けている。「世のため、人のため」と言う前に、まずは自分が自立しなければならない。そう考えると、「一人暮らし」がよい仕事をする人の基本となる。もっとも、家族の介護などが理由で家を出ることができないという人もいるだろう。だが、こうしたやむを得ない事情がないかぎり、実家からの通勤は「半人前の働き方」だと肝に命じて欲しい。

一人暮らしが、一人前のビジネスパーソンとして働くための決意表明と考えてよい。

Episode

離婚が原因で、五〇歳をすぎて初めて一人暮らしをすることになった男性がいる。何とかアパートを見つけて引っ越しはしたものの、荷物の片づけから掃除と、要領が分からないためになかなか捗らないと言っていた。

当然、食事はというとすべて外食。同じようなものを毎日食べているせいか、三か月もすると妙な太り方をしはじめた。そして、生活面でのストレスも当然溜まってきた結果、仕事にも影響が出はじめるようになった。

一念発起をしたこの男性、半年後には信じられないような生活スタイルを確立していた。こまめに買い物をすることで物価の上下が分かり、食事をつくることで栄養バランスの意識が高まったほか、世に言う雑学が豊富になったのだ。もちろん、その教養が仕事にも活かされている。

離婚と聞くとマイナスのイメージしかないように思えるが、この男性のように、それがきっかけで一人前の大人として歩みはじめた人もいる。意識が変われば人は成長するということだ。

12 お金の貸し借りをしない

世の中には、貸し借りをしても良いものと悪いものがある。悪いものの代表例といえば「お金」だろう。現に、「金の切れ目が縁の切れ目」と昔から言うではないか。

私は「裏切られても本望」というくらいの人でないとお金を貸さないことにしている。貸すくらいなら、いっそあげてしまおう、とも思っている。貸すだけの余裕がない人は、「ない袖は振れぬ」と言ってキッパリと断ればいい。

残念なことだが、お金の無心をしてくるような人は、あなたのことを大切に思っていない場合がほとんどである。「いや、そうではない、あの人は窮地に陥っているのだ」という人もいるだろうが、日頃のコミュニケーションからそれを判断することはできる。

二〇代のうちからお金の貸し借りをするという習慣を身につけてしまうと、後々、間違いなく金銭トラブルを起こすことになる。身の丈にあったことをしないと、自分で自分の首を絞めることになるのでご注意を。

お金を借りる相手は知人とはかぎらない。現在では、クレジットカードで簡単にローンが組めるし、テレビのコマーシャルのように銀行系の消費者ローンの店舗も至る所にある。「初めての方、一か月利息0円」という宣伝文句につられて借りた人も多いことだろう。一回で終わればいいのだが、ズルズルとそれが続いてしまうケースもある。

また、クレジット会社のセールスも巧妙だ。「リボ払い」というシステムを考え出し、「月々の返済金額は変わりません」と、消費者の心情をくすぐってくる。一年も経てば完済できたはずが、気がついたときには五年も返済が残っているということになる。

私は、住宅ローン以外は組まないように決めている。起業するとき、やむなく一枚だけクレジットカードをつくったが、持っているのはそれだけだ。会社勤めだとそのありがたみを感じないかもしれないが、やはり、個人と会社では社会的信用がまるで違う。独立してみると分かるが、クレジットカード一枚つくるのも不自由なのだ。恵まれた会社員の特権は、もっているうちに使ってしまおう、と思ったわけだ。

ほかにも、私はつい最近まで「Suica《スイカ》」や「PASMO《パスモ》」といった共通乗車カードも持っていなかった。集団で行動するとき、人に迷惑をかけてしまうので止むなく購入したが、それまでは「なんて原始的な生活なんだ……」と知人からよく驚かれていた。

「ほんの少しですけど、カードを利用したほうが安いですよ。それに、切符を買うという煩わしさがなくていいですよ」と言う人もいるが、その一方で、「あれを使うと記憶力が悪くなる。かつては、一週間の行動やその交通費をすべて記憶していたのに、まったく覚えられなくなった。今は、定期以外は切符を買うようにしている」と言う人もいる。私は、断然、後者の意見を支持したい。

よい仕事をするためには、正常な金銭感覚を養う必要がある。日常の些細な支出にも、それが反映されてくる。

Episode

先日あった三〇歳の女性にここで書いたような話をしたら、「もったいない! 今や、カードをつくるだけで八〇〇〇ポイントがもらえる場合があるんですよ。要するに、八〇〇〇円もくれるのに、なんでつくらないの?」と言われてしまった。そして続けて、「そのポイントを使い切ったら、そのカードにハサミを入れて使わないようにすればいいだけ」とも言われた。

この女性、私よりもはるかに金銭感覚が豊かなのかもしれない。というより、カード会社の上前をはねている。

●メモ欄●

第3章

健康管理——無理をしないのは一生働き続けるため

「人生一〇〇年時代」と言われる昨今、健康管理は、これからの働き方を語るうえにおいて外すことのできない重要な命題となっている。しかし、本書でターゲットにしている二〇代の人にとっては、健康を意識するシーンはそんなに多くはないだろう。とはいえ、この健康管理、日々の積み重ねがものを言うようになる。四〇代、五〇代になってからその重要性に気づいても遅いのだ。

健康管理を行ううえにおいて大切なことは、「無理をしない」ということだ。月並みに聞こえるかもしれないが、じつはこれが難しい。ある一瞬だけに集中すれば、一生分の仕事が終わるという人はいない。無理をしないというのは、一生働き続けるためである。

1 働くことは「遊ぶこと」

「学生のうちに遊んでおいたほうがいい」

学生時代、先輩の社会人からこのように言われた経験はないだろうか。一度社会に出てしまったら最後、もう二度と長期旅行に行けるような自由はきかなくなる、という意味である。このような先入観から、未来に希望をもてないという二〇代が多くなっているようだ。

「仕事は辛く、苦しいもの」

「就職は人生の墓場」

このように考えている人に、よい仕事はできないだろう。よい仕事をするという人は、決まって「遊ぶように働く」ことを基本スタンスとしている。

そもそも、人は何のために働くのだろうか。その本質は「他者への貢献」である。世のため、人のためになることが仕事本来の目的である。ただし、その意味をはき違えてはいけない。

他者に貢献するということは、自分を犠牲にして誰かに尽くすということではない。苦痛に満ちた自己犠牲など、ニセモノの仕事術としか言えない。「よいこと」をしているのに、辛い思いをしたり、嫌な気持ちになったりする……どう考えても、おかしな話である。

考えてみて欲しい。もし、働くことが苦行だったとしたら、人は人生の大半は苦しんでいることになる。仮に一日八時間、週五日間の労働として、年間一九二〇時間もの苦痛を強いられる計算になる。想像しただけでも脂汗が出てくるそんな人生、きっと誰も耐えられないだろう。

とはいえ、「遊ぶように……と言われても、実際の仕事はそんなに楽しいことばかりではない」と反論したくなるかもしれない。しかし、仕事には、趣味としているものとはまたひと味違った醍醐味がある。そのような魅力は、仕事を続けていくなかで必ず見えてくる。

「遊ぶように働く」

このような考え方を根本的にもっていれば、朝から職場が待ち遠しくなるはずだ。

2 休日は遊ぶためにある？

「働くことは遊ぶことだ」と述べた。では、休日は何をする日なのだろうか？　それは「休息」である。「休む日」と書いて休日なのだから、休息して当たり前だろうと思ったかもしれない。だが、あなたはきちんと休息をとっているだろうか？

休息とは、心身のコンディションを整えることをいう。よって、必ずしも休日＝遊日ではない。休日に羽目《はめ》を外して、出勤日に疲れをもち越すなどは言語道断、「社会人失格」と言わざるを得ない。

よい仕事をするために、休日は徹底的に休もう。もし、休日が二日あるなら、一日は自由に使っても構わない。むしろ、一〇〇パーセント全力で自由を謳歌すべきである。だが、もう一日は強制的にでも休むべきだ。休みなく働き続けられる人などいないのだ。

休みは、誰かが与えてくれるものではない。「自らがつくり出す」という意識をもって、自発的に取るものだ。よく、「上司が休ませてくれない」という声を聞くが、それは戯言《ざれごと》でしかない。言い訳を考える前に身体の限界を知って、断固「休む」という姿勢をもって欲しい。

休息の目的は「ストレスを減らす」ことにある。自らを大事にできない人が、他人を大事にすることができるだろうか。よい仕事をする人は、例外なく月曜日の朝から清々しい顔をしている。

Episode

一週間は日曜日からはじまる。なぜだか分かるだろうか？　よい仕事をする人のなかにはハードワーカーが多い。それこそ、月曜日から金曜日まで身を粉にして働いている。「花金」と言われる金曜日の夜くらいはパーっと飲みに行くこともあるだろうが、その浮かれ気分もせいぜい土曜日までだ。日曜日には、翌日の仕事準備に取り掛かっている。

一週間

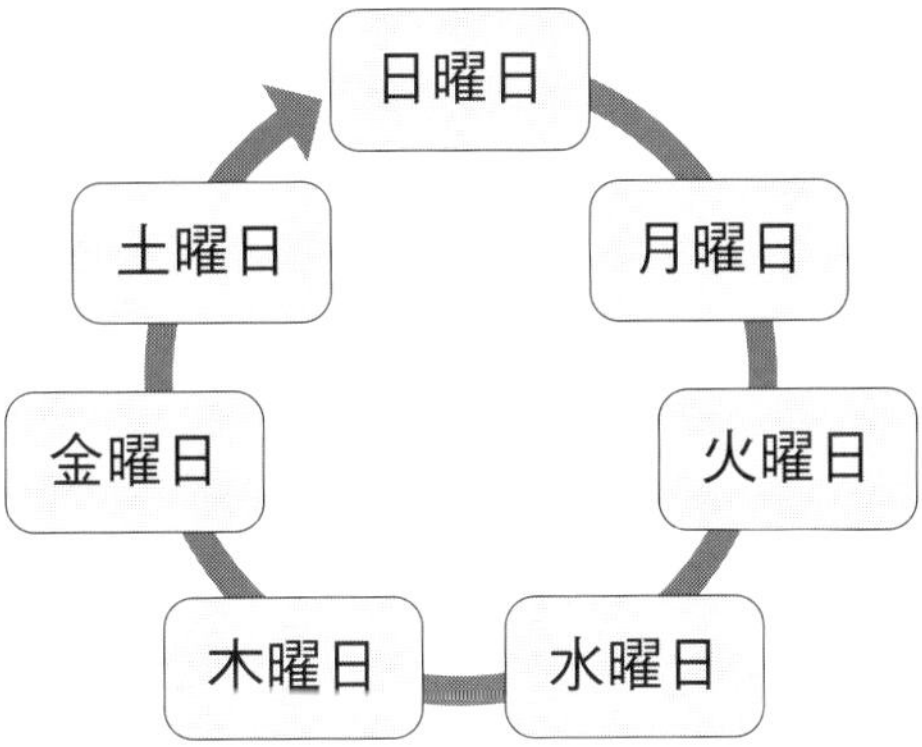

具体的に言えば、「体力回復」もその一つだ。私の知り合いの経営者は、この時点ですでに臨戦態勢に入っている。だから、月曜日の朝から絶好調なのだ。

月曜日を一週間のスタートにしてしまうと、その段階で準備不足が露呈し、ライバルに一歩リードを許すことになる。よい仕事をする人にとって日曜日は、まさに一週間のスタートなのだ。これを読んだあなた、日曜日をうかうか過ごしてはいられなくなるだろう。

3 「マイペースなハイペース」を目指す

「マイペースな人間は、会社で生き残れない」と、批判されることがある。たしかに、組織に属する人間には「協調性」が求められている。周囲と歩調を合わせられなければ、「置いてきぼり」にされてしまうということだ。しかし、これはあくまでも「スローペース」にかぎった話である。

よい仕事をする人は「マイペースなハイペース」を貫いている。スピード感をもって、他人のペースを気にすることなく仕事ができれば精神的なストレスからも解放されるし、これほど快適なことはない。

「仕事はすべてフライング」

これぐらいの気持ちでいて、ちょうどよい。そのためにも、「一〇分前行動」を心がけることだ。一〇分前を意識して、やっと「五分前行動」ができると思っていたほうがよい。それが、ハイペースを保つ秘訣となる。

人より早く進む分には、誰からも文句を言われることがない。陸上競技などでのフライングは反則だが、仕事の世界では、むしろ褒められることだと覚えておこう。

Episode

約束している時間の、三〇分前に必ず行くという社長を知っている。「なぜ、そんなに早く行くのですか?」と尋ねると、「周囲の風景を見るためです。とくに、初めての場所は」と言う。「また、なぜ?」と尋ねると、「周りの風景をネタにして会話を切り出すと、相手も和みますからね」と言っていた。思わず、「なるほど!」とうなずいてしまった。ちなみにこの社長、相手を待たせたことが一回もない。

4 些細なサインを見逃さない

仕事は「長く続けること」に価値がある。たった一回のホームランを打つよりも、コンスタントにヒットを打ち続けることのほうが大事だ。ちなみにだが、難易度で言えば後者のほうが圧倒的に難しい。

仕事を長く続けるためには、二〇代から定期的なメンテナンスが不可欠となる。そこで大事になるのが、「些細なサインを見逃さない」ということだ。身体に異変が起きる前には、必ずその兆候が現れるものだ。

「数分程度の遅刻が増えた」

「風邪を引きやすくなった」

「何となく表情が冴えない」

周囲の人にこのような人はいないだろうか。これらは、無意識のうちに心身が発しているSOSかもしれない。こうした兆候に気づかず、または気づいてもそのまま放置していると取り返しがつかないことになる。とくに朝、出社した直後は、その人の心身状態を如実に物語っている。

数十年前のスポーツの世界では、「練習中に水を飲むな」ということが常識とされていた。何の根拠もないが、「水を飲む＝サボる」ということのようだ。仕事においても、無理や我慢をして、仕事を続けるということが「美学」ともてはやされた時代があった。

しかし、このような働き方は「時代遅れ」としか言いようがない。要所要所で注視し、いかに早い段階で手を打つことができるか――よい仕事をする人は、こうした些細なサインを決して見逃すことがない。小さいことだからこそ、念入りに用心をするのだ。

Episode

よい仕事をしたいなら、自分なりのリラックス法をもっていることが大事となる。些細なサインをキャッチしても、息抜きの仕方が分からなければ話にならない。私の場合、ストレスを感じたり、「ちょっと疲れが溜まっているな……」と思ったら、決まって好きな人と美味しいものを食べに行くことにしている。

日々、我慢を重ねている人は、普段食べないようなお料理を食べて、贅沢をするというのもいいだろう。そのほかにも、音楽を聴いたり、スポーツをして身体を動かすなど、人それぞれのリラックス法があるはずだ。自分にあった方法がどれなのか、いくつか試してみることをおすすめしたい。

5 朝からネガティブな言葉を使わない

精神的な健康を保つためには、発する言葉に注意を払わなくてはならない。よい仕事をする人は、ネガティブな言葉を使わないものだ。自分にとっても悪影響、他人に対しても悪影響、まさに「百害あって一利なし」と知っているからだ。

正直なところ、私は精神論があまり好きではない。だが、これだけは心に留めておいて欲しい。使う言葉は、あなたの精神面における健康に間違いなく影響する、ということを。

否定的な言葉や暗い言葉ばかりを使っていると、知らず知らずのうちに気持ちが落ち込むものだ。その逆に、「ありがとう」とか「うれしい」などといった明るい言葉を多用していれば、気持ちがどんどんポジティブになってくる。もちろん、それにつられて表情も明るくなり、精神衛生上もきわめて健康的と言える。

とくに、これも朝に使う言葉には細心の注意を払いたい。一日のはじまりにテンションが上がらないと、仕事にも影響が出てくる。最悪の場合、低いテンションのまま一日を終えることにもなりかねない。

それに、汚い言葉や後ろ向きの言葉ばかり発する人に、誰がついていこうとするだろうか。「人」を扱えたら課長になれる、「お金」を扱えたら部長になれる、「言葉」を扱えたら社長になれる。よい仕事をしたければ、使う言葉を選んで欲しい。

Episode

平井宏氏は、私にマーケティングの基礎を叩き込んでくれた人だ。それだけでなく、平井氏からはいつも会うたびに元気をもらっていた。その理由は、彼が発する「言葉」にある。常に前向きな言葉を選択して、元気に語りかけてくれる。外で深酒などをしないせいか、早朝でもすこぶるテンションが高い。

なかなか内定をもらえない就活生もよく平井氏のもとに相談に来ていたが、彼と話しているだけで、相手はきっと前向きな気持ちになれるのだろう。そんな素敵な人である。さすがは「タイ花王」の社長などを歴任した人物、人を動かす言葉の使い手である。

6 定期治療の予約はその場で決める

長い仕事人生のなかで体調を崩すこともあるだろう。そのあとに、定期的な通院が必要になる場合もある。仕事をしている人にとって、毎回、病院に足を運ぶというのは、いくら会社から近いとしても負担になる。仕方なく初めのうちは何回か通っても、やはり途中で億劫《おっくう》になってしまい、そのまま放置してしまう……そんな経験がみなさんにもあるのではないだろうか。

治療途中でフェードアウトしてしまうと、あとで痛い目に遭う。「どうしても踏ん張らなければいけない」という大事な場面で、体調を悪化させてしまったりするものだ。

では、よい仕事をする人はどうしているのだろうか。

やはり、意志力でカバーしているのか？

それとも、風邪一つ引かない生まれもった健康体なのだろうか？

まさか、そんなことはあり得ない。体調不良は意志力で何とかなるものではない。ＡＩロボットなら風邪も引かないだろうが、人間であれば具合の悪くなるときがあるのだ。

では、よい仕事をする人は、どのようにして無理なく通院を続けているのだろうか？

それには、ほんの少しのコツがある。「即時予約」だ。よい仕事をする人は、すぐさま治療の予約を取る。その日の治療が終わった時点で、間髪入れずに次の予約を入れてしまうのだ。この方法がもっとも手間がかからない。多くの人は、治療が終わった時点で腰が重くなってしまっている。

「今は忙しいから、また時間ができたときに……」

こう思っていたら、翌日には次回の予約のことなどすっかり忘れてしまうものだ。ほとんどの病院が電話予約に対応しているわけだが、絶対にその場で決めるべきだ。すぐに予約すれば、希望も通りやすい。

自宅に帰ってからでは、気持ちがどうしても後ろ向きになってしまうものだ。病院にイケメン医師や美人ナースがいて、「また会いたい」と思っているなら、三日後でも一週間後でも予約をしようという気持ちになるだろうが、そうでもないかぎり、たいていの場合は好き好んで病院に行こうとは思わない。

基本的に、病院は何かしら体調の優れない人が行く所なので、あまり出入りしたくないという気持ちは分からないでもない。だが、どうせ通院することになるなら、中途半端なところで挫折してはいけない。これまでに割いた時間が台無しになってしまうのだ。スケジュールは、診察が終わった時点で確認をしよう。「また今度は……」は、いつになるか分からない。

Episode

世の中には、虫歯になりやすい人とそうでない人がいる。私は、体質的に前者であると自覚している。でも一般的には、毎日朝晩、歯を磨いていても定期的に通院しないと虫歯になってしまうことが多いようだ。子どものころから歯医者はあまり好きではない、という人もいるだろう。じつは、私も以前はなかなか歯医者には足が向かなかった。そんな反省を踏まえて、ここでは、次回の予約をその場で決めてしまうことがよい仕事をする人のセオリーだ、とお伝えしたわけだ。

かつて、「キャンセルの常習犯」と言われる人がいた。歯科医院側も電話口で、「ハイハイ、今日もですね……」とあきれた様子で受け答えをしていた。もし、予約後にどうしても都合がつかなくなってしまったなら、早めにキャンセルをすることである。一日でも早く歯医者に伝え、迷惑を最小限に留める。

毎回、土壇場でキャンセルをしていたら失礼極まりない。そのような人は、仕事において信頼を得られることはない。

7 一時間の運動に一時間のストレッチ

小学生のころ、運動会で保護者参加のリレーがあったと思う。思い出して欲しい。必ずと言っていいほど毎年誰か一人は怪我をして、棄権するというお父さんがいたのではないだろうか。子どもの前でかっこいい姿を見せようと張り切って、気持ちだけが先行してしまった結果である。

疲れた身体にムチを打って出場しているのだから悪くも言えないが、怪我をすれば多かれ少なかれ仕事に影響することになる。怪我が多い人は、やはりよい仕事ができない。

あまりにも常識的なことだが、運動前後のスチレッチは重要である。とくに、「運動前」の入念なストレッチが怪我を予防することになる。仮に一時間の運動をするのであれば、事前に一時間ほどストレッチをしたほうがよい。少なくとも、三〇分程度は軽いランニングや柔軟体操などをしないと身体が温まらない。

普段あまり運動をしていない人が、急に激しい動きをすると身体を壊してしまうものだ。一〇代のころ、運動部などで何かスポーツをしていたからといって、今、同じ感覚で動こうとしても身体はついていかない。二〇代、とくに後半にさしかかろうとしている人は、当時とは勝手が違うことをあらかじめ頭に入れておく必要がある。思っている以上に、身体の自由はきかなくなっているものだ。

入念にストレッチをしたからといって怪我が予防できたかどうかは、過去に戻らないかぎり分からない。「ストレッチをしていてよかった」と実感することは少ないかもしれないが、「痛い目に遭わないと分からない」では手遅れとなる。

日ごろからストレッチをしていれば、気づかないうちに仕事にも好影響を与える。事実、プロのスポーツ選手がストレッチをしないで試合に臨むことはない。サラリーマンやＯＬの場合、日常生活に運動を取り入れることは決して容易でないはずだ。まずは、簡単なストレッチからはじめてみるのがいいだろう。

Episode

運動会で思い出したが、小学校のスポーツイベントの一環として、保護者のお母さん方がチームを組んで参加する「ママさんバレー大会」があった。私の母も参加していたのだが、大会に向けて、何か月も前から練習を重ねており、即席チームというわけではなかった。そのため、身体も練習の過程である程度馴れている。それでも「怪我人を出さないこと」が目標だったようだ。

しかし、大会当日、残念ながら負傷した保護者が出てしまった。ただ、負傷者は意外にもプレーヤーのお母さんではなく、試合の様子を撮影していた関係者の「お父さん」だった。たまたま近くにいた私は、その現場を目撃することになった。

そのお父さん、ビデオを撮りながらまだ幼い次男の面倒を見ていたのだが、少し目を離した隙に、子どもがハイハイをしてコート上に立ち入りそうになってしまったのだ。それを見て慌てたお父さんは、子どもを捕まえようと手を伸ばした。次の瞬間、「あーっ！」という大きな声を出し、コート上に倒れ込んでしまった。無理な格好をしたため、靭帯《じんたい》を伸ばしてしまったらしい。

試合は一時中断され、関係者に担がれながら病院へ直行した。その後のビデオ撮影を私が代行したことを今でも鮮明に覚えている。二〇年以上前の話だが、今になって思うことは、たとえスポーツ観戦であっても、日ごろからストレッチは日課にしておいたほうがよいということだ。

8 ダイエット目的で運動をしない

インフラが発達し、利便性が高くなった現代社会では、運動する機会が激減している。階段の代わりに「エスカレーター」、歩く代わりに「動く歩道」。また、デスクワークが増えれば身体を鍛える必要性をあまり感じなくなる。こんな状態であれば、体力が低下するのも当然と言えるだろう。

その結果、肥満になってしまう。それがさまざまな成人病の原因となり、若くして体調のトラブルに見舞われることになる。さすがに、「これではいかん」と悟り、スポーツジムなどに通ってダイエットに励むのだが、成功したとしてもリバウンドという現実に直面する人が多く、再びジム通いとなる。

このようなことを繰り返していても、「身体が丈夫だから、無理をしても乗り切れる」と言い切る人がいるわけだが、このような人に大事な仕事を任すことはできない。継続的な体力づくりはよい仕事をするための基本であるし、体重管理は「自制心の象徴」とも言われている。実際、ビジネスエリートを輩出する世界の最高学府であるハーバード大学には、いわゆる巨漢はいないという。

目先の満足感にとらわれず、ほんの少し我慢をしよう。長期的な利益を選べるかどうかは、自制心の表れでもある。要するに、あなたの信頼性にかかわる問題だということを肝に銘じて欲しい。

よい仕事をする人は見た目もスマートだ。日々の生活に、運動を取り入れることを健康のためにも推奨したい。しかし、運動だけで痩せようとしてはいけない。もし、体重が気になっているのであれば、運動、食事、睡眠のバランスを重視して、ダイエットに取り組んで欲しい。

Episode

二〇一七年、最大の個人的ニュースは間違いなく、「ジムに通って五キロ太ったこと」

である。三〇代になって体重が気になり、不定期ではあるがジムに通い出した。「ジムに行けば痩せるだろう」という安易な考えがあったのだ。このような姿勢では、痩せるどころかむしろ太ってしまった。高い授業料を払って、逆効果だということが学べた。

そんなある日、知り合いである上村孝司博士にお会いした。上村博士は、RIZAPのオリジナルメソッドの監修者としても有名なスポーツ科学の権威である。

「運動だけで痩せることはできないのでしょうか？」

私は、意を決して尋ねてみた。すると、博士の答えはこうだった。

「なかなか難しいかもしれませんね。やはり運動と食事のバランスが重要となります」

そんな上村博士、常にスマートな体型を維持されている。

9 「好きなときに好きなものを食べる」は理想か？

好きなものを好きなだけ食べる――これがストレスなく、一番よいと提唱する人がいるが、私はこの考えには反対である。「好きなことだけをして生きていこう」というのは、聞こえはいいかもしれないが、随分と無責任な感じがしてならない。

「好き」を極端に信じて生きることは短期的には楽だろうが、長期的に見ると、苦しい結果を生むことが少なくない。ちょっと考えればすぐに分かることだが、「深夜に間食を取る」とか「連日ジャンクフード」といった食生活をしていて、健康な身体を手に入れることができるだろうか。

「好き嫌い」を重視しすぎて、「損得」や「善悪」といったその他の価値観を軽視している。「好き嫌い」は一つの価値観にすぎないのだ。よって、それだけを基準に物事を判断することは安易となる。よい仕事をする人は食生活のバランスがよい。決して、食べすぎることもない。一日三食、三〇品目を基本にバランスのよい食事をしている。

私がここで言いたいことは、一日二食ではダメだとか、最新の食研究で発表されているように一二品目がよいのだとか、ということではない。やはり、食事というものは規則正しく、バランス重視が一番であるということだ。また、二〇時以降はできるだけモノを口にすることは避けたい。それをやめるだけで、体重はグッと減る。

あなたが身体を壊しても、身代わりになってくれる人はいないということを忘れずに。

Episode

渋谷区松濤にある、知る人ぞ知るレストランのシェフが次のように話していた。

「一般的に外食というのは毎日するものではないのだから、せっかくお店に来てくれたときくらいは、『これでもか』というくらい高カロリーなものを出していいと思っている」

たしかに、一理あるなと感じた。一方、「母親の手料理には愛情がこもっている」とよく言われるわけだが、それはカロリーをはじめとして健康を気遣っているという意味でもある。

外食では、こうした愛情を感じることができない。外食は味が濃いため美味しく感じ、ただ待っていれば出てくるのでついつい頼りがちとなってしまうわけだが、「月に○回」などと決めて、それを楽しみに待つくらいがちょうどいいのかもしれない。

考えてもみてほしい。もし、毎日外食だったら、喜びを感じるだろうか？　月に数回しかないイベントだからこそ、ワクワクするのではないだろうか。そのほうが、心身ともに健康的と言える、

10 この一口は本当に必要か？

私の父は、普段あまり口うるさく言うタイプではない。しかし、子どものころ、食事のマナーで怒られたことがある。それは、家族でバイキングに出掛けたときのことだ。色とりどりの料理に舞い上がった私は、食い意地が張って、食べ切れないほどの量を皿に盛ってしまった。

「世の中には、食べたくても食べられない人がいる。食べ物を粗末にしてはいけない」と、父に言われた言葉が、私にとってはよい教訓となっている。

昔から「腹八分目」と言うが、よい仕事をする人はムダに食べないものだ。本当は食べなくてすむはずなのに、周りに流されてついつい口にしてしまった経験はないだろうか？あとになって、「あの一口は余計だったな……」と後悔もする。

目に入った食べ物をすぐ口に入れるという習慣があるのなら、今すぐ改めよう。それでも暴飲暴食が止まらない人に魔法の呪文を教える。

「この一口は本当に必要か？」

口をつける前に、この質問を自分に投げかけてみよう。そうすれば自ずと答えが出るはずだ。お金も時間もかからない、まさに究極のダイエット法と言える。たったそれだけで、あなたに劇的な変化が訪れる。

11 月に一度の「プチ断食」のすすめ

満腹感を得たいなら「食べない」ことだ。食べれば食べるほど満腹感はなくなる。嘘だと思うなら、月一度の「プチ断食」をぜひ試して欲しい。

プチ断食後の食事は、今までに感じたことのない満腹感が得られる。お腹周りもスッキリして、いつもより身軽に感じるはずだ。プチ断食は、身体的、精神的の両面で好影響をもたらすので、以下に紹介する三つの「食べない」を日頃から意識してみよう。

①ジャンクフードを食べない――コンビニ弁当の毎日からおさらばしよう。食べるものを変えれば生活の質が変わる。生活の質が変われば、自ずと仕事の質もよくなってい

く。

②**極力、炭水化物を食べない**――白米の代わりにお粥にするという方法もある。言うまでもなく、消化も助けてくれる。

③**二〇時以降には食べない**――前節でも述べたが、寝る前の飲食は厳禁だ。消化器官の回復の妨げになるということはご存じであろう。夜食を止めることで、睡眠の質を高めることにもつながる。

この三つの約束事を守れば効果はテキメンだ。体重は数日間のうちにストンと落ちる。この方法で七キロの減量に成功した私が言うのだから間違いない。あとは、あなたの努力次第である。

Episode

昔、禅宗のお坊さんに言われたことがある。

「われわれの食生活を見れば分かるように、質素が一番。大したものを食べていないが、栄養不良になることもないし、体重で悩むこともない。一般の人は、食欲のほうが勝って、ついついいろんなものを食べてしまうのでしょうね。しかし、そのような人が、よく精進料理を食べるためにやって来られる。矛盾を感じていないのでしょうか」

多くの人にとって、耳の痛い話かもしれない。

12 起床と就寝の時間を「一定」に

私の祖父は九〇歳をすぎている。「人生一〇〇年時代」と叫ばれている昨今だが、驚くべきことに、今も現役でバリバリ働いている。祖父の生活リズムは、昔から一定したものとなっている。定時に起きて、定時に寝る——まるで職人技のごとくだ。

よい仕事をする人は、起床と就寝の時間が一定している。たとえば、毎朝必ず六時に起きて、夜は二二時に寝る。前日、遅くまで仕事があり、翌日は午後からスケジュールが入っているとすれば、早く起きる必要はないように思うのだが、それでも起床時間はいつもどおりとなっている。

ある日は徹夜をしてでも頑張るが、翌日は一〇時間以上寝るといった人は、仕事に安定感があるとは言えない。起床時間が日によって変わると、生活のリズムが狂って、よい仕事ができない。それほど、生活のリズムは大切なのだ。

もし、どうしてもキツイときは、昼休みに二〇分間ほどの仮眠をとるとシャキッとする。自分にあった生活のリズムを見つけて、それを一定に保つように努力して欲しい。初めはキツイかもしれないが、習慣化してしまえば苦ではなくなる。

夜、時間がくれば眠くなり、起床時間になればパッと目が覚める。その結果、遅刻はなくなる。さらに不思議なことに、生活のリズムが一定すれば、睡眠時間が短くても仕事中に眠くならないものだ。

13 就寝一時間前にはスマホの電源を切る

あなたは、一日に何回くらいメールのチェックをするだろうか。あるニュースで耳にしたことなので真意のほどは定かではないが、人は一日に平均三〇〇回程度メールを確認するらしい。この数字、多いのか少ないのか、私も日常化しているために判断がつかない。

さて、睡眠で大切なことは、起床と就寝の時間を一定にすることだと先ほど書いたわけだが、それに加えて、もう一つ大事なことがある。それは、「自分に必要な睡眠時間を確保する」ということだ。一日に何時間寝ればよいのかについては、当然、人によって異なるため、一概に言うことはできない。五時間で十分な人もいれば、八時間寝ても足りないと言う人もいるだろう。

サプリメントの宣伝のようだが、やはり睡眠には質が重要となる。眠りが浅く、夜中に何度も起きてしまうようでは、スッキリ目覚めることが誰しもできない。よい仕事をしたいのであれば、睡眠時間は意地でも確保してほしい。それを妨害する最大の敵が現代には存在している。「スマホ」である。

深夜に届く「迷惑メール」、これが理由で貴重な睡眠時間を妨害されたという経験があなたにもあるだろう。スマホなどのＬＥＤディスプレイやＬＥＤ照明にはブルーライトという青色光が含まれている。これは、肉眼で見ることのできる可視光線のなかでもっとも波長が短く、強いエネルギーをもっている光だ。このブルーライトを寝る前に浴びすぎると、眠気を誘うホルモンが分泌されにくくなる。つまり、体内時計が狂って不眠に陥りやすいのだ。

さらに、ひとたびスマホを開いてしまったら最後、そこから受け取る情報に刺激を受けて脳が興奮してしまい、安らかな眠りに就けなくなる。きっと、あなたにも、夜中に何気なく見つけたYouTube動画にのめり込んでしまい、気づいたら朝になっていたという経験があるのではないだろうか。一度視聴しはじめた動画を途中で止めるというのは、やはり至難の技となる。

近頃は歩いているときもそうだが、入浴するときも、寝るときも、片時も離さずスマホを持っている人がいる。すでに限度をなくしているようだが、そのような対応をしていると、二四時間三六五日スマホに追いかけられることになる。メールのチェックは「朝・昼・夕」の三回確認したら、その日はそれでお終いにするなどと決めておこう。そして、これだけは声を大にして言いたい。

「就寝の一時間前にスマホの電源を切れ」

Episode

地元の一つ上の学年に「キワさん」という天才肌の少年がいた。彼は小学校のころから「神童」と呼ばれ、高校生になるころには、全国模試で常にトップにランクインするほどの実力者であった。「東大も確実」と言われていた彼だったが、現役のときには、周囲の予想に反して大学受験に失敗している。

偶然にも、翌年のセンター試験会場でキワさんの姿を見つけた私は、思わずその理由を尋ねてしまった。なんと、その原因はスマホだったのだ。

センター試験を前日に控えた深夜に、友人から「メアド変えました！登録よろしく♪」と連絡が入ったというのだ。その通知のおかげで睡眠を妨害され、試験当日に最悪のコンディションで臨むことになってしまったという。

まったくもって笑えない話である。このときのもどかしさは、言葉で言い表すことができなかっただろう。ちなみに彼は、一年間の浪人生活とスマホの反省を経て、第一志望だった京都大学に合格を果たしている。

●メモ欄●

第4章

キャリア——未来の「不確実性」と向き合う

かつて「年功序列」とか「終身雇用」と言われた制度は、現在、完全に崩れ去ったと言える。ビジネスパーソン、とりわけ二〇代のキャリアは多様化している。キャリアは、道なき道をいかに切り拓くかという命題なのである。

キャリアを考えるうえで大切なことは、現実を受け入れ、リスクと向き合うことである。リスクとは「不確実性」のことである。この世に「絶対」は存在しない。「確実な選択」などどこにもないのだ。では、どのようにリスクと向き合い、未来に向けて進むべき方向性を決めていけばよいのだろうか。

本章では、そのために大切となる事例をピックアップして、キャリアという視点から「よい仕事とは何か」について論じていくことにする。

1 「リスク=ネガティブな影響」ではない

将来、何をするにしても「リスク」は伴うものだ。あなたは、「リスク」と聞いてどのようなイメージをもつだろうか。きっと、ネガティブな影響を想像したことだろう。担当する講義で学生に同じ質問をぶつけてみたところ、二五〇人の受講者のうち、なんと全員が何かしらのネガティブな影響を答えた。

しかし、ネガティブな影響だけがリスクではない。それは、リスクの一側面しか見ていないことになる。リスクマネジメントに関する国際標準規格ISO31000では、リスクを次のように定義している。

目的に対する不確かさの影響

（期待されていることから、好ましい方向/又は好ましくない方向に乖離すること）

つまり、リスクの本質は「不確実性」であり、決して「リスク=ネガティブな影響」ではないということだ。そう、リスクにはポジティブな影響も含まれているのだ。

進学、留学、就職、転職、起業……こうした人生のあらゆる選択のうち、どれを選んでもリスクが伴う。たとえば、起業すれば事業に失敗するリスクを取ることになる。起業をしなければ事業に失敗するリスクはないが、会社員であればリストラされるというリスクがある。

なかには「リスクをなくしたい」という、いわゆる「ゼロリスク論者」がいるが、生きている以上、「ノーリスク」というのは存在しない。また、それと同時に、世の中のリスクの総和も変わらないはずだ。

要するに、人生はどのリスクを選択するかにかかっている。リスクから目をそらしても何もはじまらない。リスクと向き合うことで、初めてさまざまな選択が可能となる。その際に大事なことは、後悔しないということだ。

「ここまで考えたのだから、結果はどのようになっても受け入れよう」

このように納得できるまで考え抜くことがリスク選択では求められる。よい仕事をする人は、自分の選択に責任をもっている。「あのとき、もっとこうしていればよかった……」などと、決して後悔することはない。

Episode

起業して間もないころ、ある東証一部上場企業の社長と会食をした。その際、私の学生時代の研究分野について聞かれたので、「リスクマネジメント」だと答えた。すると社長は、「若い人にはもっと積極的に挑戦してもらいたい」と私に言い放った。

社長はリスクを恐れるがあまり、前に進めない状況を危惧していたのかもしれない。しかし、リスクを「怖がる」こととリスクを「考える」ことは違う。仕事においても、リスクを検討することは不可欠となる。

その社長にも、「リスク＝避けるべきもの」という思い込みがあったのだろう。もし、リスクにネガティブな影響しかなかったとしたら、それに手を出す人はいないはずだ。なぜなら、たとえ小さなリスクでも選択しようものなら、「必ず」失敗するという意味になるからだ。

あらかじめ確実に失敗することが分かっていたら、それはリスクとは呼べない。繰り返しになるが、リスクとは不確実性であり、ポジティブな要素とネガティブな要素を含んでいる。

日本では、リスクに関してこのような基本的な考え方がまだ十分に浸透していないように思える。東証一部上場企業の社長ですら誤解しているのだから、若い学生がリスツを正しく理解していないのは、ある意味で当然のことかもしれない。

2 「自分」は探すものでなく「つくるもの」

「本当の自分を見つけたい……」

こう言って、「自分探しの旅」に奔走する人がいる。だが、どれだけ探しても「本当の自分」など見つからない。それもそのはず、自分とは探すものではなく「つくるもの」だからだ。

じつは、それと同様に、天職も探すものではなく、つくるものだ。自分次第で、今の仕事を「天職」にすることができるのだ。

先日、会食した経営者も「新入社員のなかには、半年か一年ぐらいで『思っていた仕事とは違う』と言って辞めていく人も多いんです」と話していた。

「今の仕事が天職かどうか自信がない……」

このような迷いがある人に、よい仕事はできない。仕事や人生の目的は「不能」ではなく「不定」である。つまり、解はあるが、あらかじめ決まってはいないということだ。だから、なぜ働くのかは自分自身で決めなくてはいけない。何かを決断するという行為は簡単ではないだろう。そこで、物事を決めなくてはいけないときに手助けとなるのが「思い込む力」である。

思い込みというものは、思っている以上に有効なものである。仕事にかぎらず、受験でもなんでもそうだが、決まって望んだ結果を手に入れる人は「思い込む力」を活用して、「私ならできる」と自分自身に暗示をかけている。「自分はこういう存在だ」と思い込むために、次の二つを行おう。

①目標を具体的に立てる——具体的な数字や到達点を含んだ目標にする。

②紙に繰り返し書く——私自身もずっと続けてきたことだが、これによって明確なイメージは実現する。毎朝、音読すればさらによい。

『天使にラブソングを2』（監督ビル・デューク、製作タッチストーン・ピクチャーズ、

目標を具体的に立てる、紙に繰り返し書く

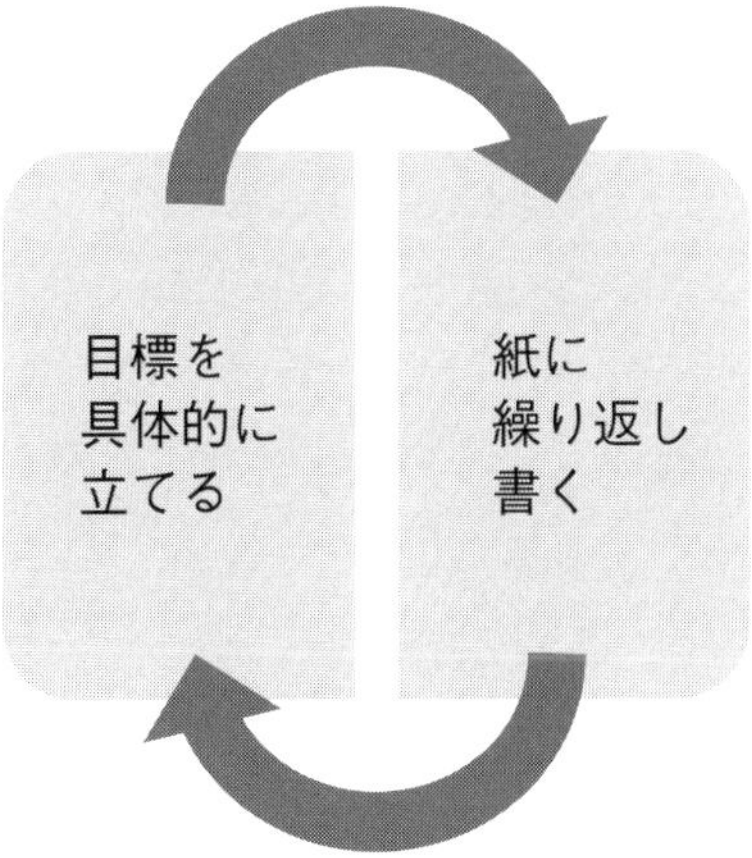

一九九三年）という映画で、ウーピー・ゴールドバーグ（Whoopi Goldberg）が演じる修道女が、親に反対されて聖歌隊に入ることをためらっている少女に語りかけるシーンがある。修道女は、オーストリアの詩人、ライナー・マリア・リルケ（Rainer Maria Rilke, 1875〜1926）の『若き詩人への手紙』の一節を引用して、次のように背中を押した。

リルケはある日、一人の若者から「詩人になれるかどうか、作品を読んでください」という手紙を受け取ったの。リルケは手紙についてこう返事したのよ。
「それを決めるのは私ではありません。あなたが朝、目覚めた瞬間、詩を書くことし

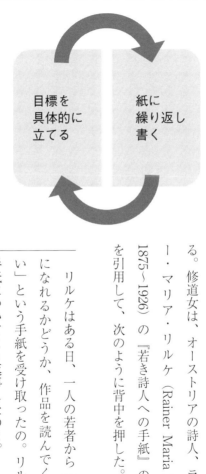

か頭になかったら、あなたは詩人なのです」

私はあなたにも同じことが言いたいの。目覚めた時に、歌うことしか頭に浮かばなかったら、あなたは歌手になるべきよ。(映画の吹き替えより)

目標を具体化し、それを書いたり、声に出したりしながら四六時中、考え続けることで「思い込む力」は養われていく。最初は半信半疑であっても、一〇万回、一〇〇万回と唱え続ければやがて本心に変わるのだ。

今の仕事こそが「天職」だと信じ、「君がいてよかった」と言われるように日々努力して欲しい。

3 競争を避けて「裏口」から入る

もし、あなたが人との競争が苦手というなら、真正面から入ろうとせずに裏口から入ればよい。

そもそも日本人は競争を嫌う民族である。聖徳太子がつくったとされる「一七条憲法」（六〇四年）の第一条には、「和を以って貴しとなす」とある。日本人は、飛鳥時代から「和」を優先し、争うことを避けてきたということだ。

勝負事において最善策となるのは、「戦わずして勝つ」ことである。このことは、紀元前五〇〇年ごろに軍事思想家の孫武《そんぶ》（BC五三五？～？）が書いた兵法書『孫子』（俗に「孫子の兵法」と呼ばれている）のなかでも基本中の基本として記述されている。豊臣秀吉（一五三七～一五九八）をはじめ、戦国大名の多くが「凋落《ちょうらく》」という方法を頻繁に用いたのもこれが理由である。

よい仕事をする人は、誰かと競争をしたりしないものだ。常に自らのテリトリー内、つまり自分自身と闘っている。そうすれば、倍率は常に一倍に引き下がる。「いかに勝負を避けて目的を達成するか」、この一点に集中できるのだ。そのために大事なことは、入り口に執着しないことである。どこから入っても構わない。誰もいない裏口から入れば、自分との闘いにもち込みやすい。

よい仕事を追求している人は、最強のライバルは自分自身であることを知っている。

あなたは「エレベーター・ピッチ」という言葉を聞いたことがあるだろうか？　シリコンバレーで生まれた、世界一シンプルなプレゼンスキルと言われている。エレベーターに乗って、目的のフロアに到着するまでの数十秒間に、お目当ての相手から「イエス」を引き出すことからこのように名付けられた。ハーバード大学のビジネススクールでも、入学後、最初の講義でこのスキルを教わることになっている。

エレベーター・ピッチが重要視される理由は、それをものにすることで、いつでもどこでも自分の土俵にもち込んで闘うことができるようになるからだ。ある新米のセールスマンの有名なエピソードがある。彼は大手企業の社長がエレベーターに乗るタイミングを見計らって同乗し、サービスを売り込み、アポイントメントを取り付けたというのだ。

本来であれば、決定権をもつ社長と面会できる可能性は極めて少ない。とんでもない競争率になることだろう。しかし、エレベーター・ピッチを使ったことで、それをあっという間に実現させてしまった。エレベーターの中では、誰にも邪魔されずにサービスの魅力をアピールすることができる。あなたも自分との闘いにもち込みたいのなら、ぜひエレベーター・ピッチを身につけるといいだろう。

4 入り口よりも「出口」が肝心

「天職」探しは結婚生活と似ている。どちらも、徐々に高まっていくほうがよい。結婚生活で言えば、「新婚旅行が最高潮でした」というのでは何ともやりきれない。死ぬ間際に、「あなたと一緒になれてよかった」とお互いが思えたら最高ではないだろうか。最初は不安がいっぱいでも、お互いを思いやりながら徐々に理想的なカップルになっていく——そんな夫婦関係を築いていきたいものだ。

何事においても、最初は不安だらけだ。「最初はこれでよい」と思ったことでも、徐々にギャップに気づくようになり、選んだ方向が違うのかとさらに不安が増してくる。しかし、判断を下した選択は、その後の意義づけ次第で「正解」にすることができる。

入り口よりも肝心なのは、キャリアを選択した「あと」である。どこの会社に入ったかではなく、その後、どのようなキャリアを過ごすことができたかが大事となる。入り口よりも「出口」のほうが肝心なのだ。

本気で打ち込める仕事に就きたいと願う人は多い。しかし、「三年三割」という現実がある。内定を勝ち取って、せっかく就職した会社でも、三年後には三割の人しか残っていないのだ。内定はゴールではなく「通過点」である。本当に大切なことは、入社後、どうなっているのかということだ。そして五年後、一〇年後、何ができているのか、これが重要なのである。

そのためには、ビジョンが不可欠となる。ビジョンとは、「仕事を通じて達成したいこと」と言い換えてもいいだろう。ビジョンをもたなければ、目の前の仕事に追われることになる。ビジョンをもたない人によい仕事はできない。どのようなビジョンを掲げるかで、その後のキャリアが大きく変わってくる。

なんとなく会社に行くという人生は、今日で終わりにしよう。

Episode

先日、とある中小企業の社長に会った。彼は、次のような興味深いことを言っていた。

「就活に奔走している最近の学生さんを見て、本当に大変だと思います。全体的には就職率が上がっているので、少し前に比べればまだマシなのでしょう。しかし、学生さんたち、いったい会社をいくつ知っているのでしょうかね。コマーシャルなどで見る会社、先輩が就職した会社、大学で案内されている会社などでしょうが、中小企業の私から見たら、あまりにも少なすぎます。リクナビやマイナビといった大手就活サイトでエントリーしている会社は、全体から見ればほんのひと握りです。大学も、就活の方法を教えるより、どんな仕事があるのか、会社そのものを教えたほうがいいんじゃないでしょうか」

大学で学生のキャリア支援を行っている私も、「まさにそのとおりだ」と膝を打った。そして、その後に日本経済新聞を読んで驚いた。「入社後すぐ再就活　急増」という見出しのもと、記事の冒頭に次のように書かれていたのだ。

「入社後すぐに転職サイトに登録し、再び就職活動を始める新入社員が急増している。大手転職サイトの中には入社1カ月以内のサイト登録者数が10年間で約30倍に増えたところもある。希望した仕事を任されないことに不満を感じたケースが多いが、定年まで1つの会社に勤めようとする意識の希薄化や就職活動の日程前倒しの影響もあるようだ」（二〇一八年八月七日付夕刊）

さて、あなたは、このような現状についてどのように考えるのだろうか。

5 エリートとは、「小さな失敗」を繰り返した人

「エリート」と言われる人たちがいる。元々は東京大学の法学部を卒業し、官僚になる人のことを指していたが、現在では優秀な成績で一流と言われる大学を卒業し、一部上場会社に就職するような人までを含めてこう呼ばれるようになった。

「どうもエリートというやつは好きになれない。常に上から目線で話してくる」

このように言って、エリートを嫌う人がいる。違う道を歩んできた人の目から見ると、このような感想も出るのかもしれない。私はこれまでに数多くの「エリート」と呼ばれる人に会ってきたが、必ずしもそういう人ばかりではなかった。一般的に、彼ら彼女らは「負け知らず」だと思われているようだが、それは誤解だと言える。

受験や就活といった「人生の節目」で大失敗をしていないだけであって、その間には小さな失敗を何度も繰り返しているのだ。人間はミスする生き物である。ドラマの世界では「私、失敗しないので」と言う女性外科医がいるが、現実の世界では「失敗しない人」など存在しない。

イギリスの作家、オリヴァー・ゴールドスミス（Oliver Goldsmith, 1730〜1774）が次のように言っている。

「最大の名誉は決して倒れないことではない。倒れるたびに起き上がることである」（前掲書『成功者が残した引き寄せの言葉』より）

倒れることなど、何の恥でもない。そこから立ち上がらないことが恥なのだ。大切なことは、「いかに素早く、数多くの失敗を積むことができるか」だ。「失敗は成功の母」と言うではないか。

その過程でパターンを見つけることが重要となる。成功にも、失敗にも、パターンがあるのだ。自分の「勝ちパターン」を見つけることができれば、成長の速度は一気に加速する。失敗を重ねていくうちに、自分の勝ちパターンは必ず見えてくる。そのことにいち早く気づいた人が、よい仕事にありつけるのだ。

そのためにも、失敗をたくさん繰り返したほうがよい。よい仕事をする人は、成功の反対が失敗ではなく、「行動をしないこと」だと体感的に知っている。

過ぎ去った時間は戻ってこない。「あのとき、もっとチャレンジしておけばよかった……」と後悔する人生だけは送らないようにしよう。

6 人生はリセットできないが、「リスタート」はできる

告白する。私は、新卒で入社した会社をクビになった。さすがに、そのときはショックだった。「自分は会社に必要のない人間なのか……」と、落ち込みもした。しかし、このクビ宣告を受けてから、私は二つのことを学んだ。

一つは、「人生はリセットできない」ということだ。溢れたミルクは二度とコップには戻らない。なかったことにはできないのだ。

そして、もう一つ、それは「人生はリスタートできる」ということだ。新卒から定年まで一つの会社で勤めあげるという「エスカレーター式」のキャリアは、現在の二〇代にとっては極めて珍しいことであろう。もちろん、それを成し遂げるに値する仕事（会社）を見つけて、定年まで勤めるという人生も否定はしない。

とはいえ、エスカレーターは各階で降りることができるのだ。キャリアは、エスカレーターと同じように、自分の意志さえあればいつでも好きなときに降りることが可能である。キャリアにおいて重要なことは、「いかにコースアウトしないか」ではなく、「いかにうま

くリスタートできるか」なのである。

今の日本社会は、一度コースアウトした人間に対しては寛容とは言い難い。しかし、実際はいくらでもリカバリーが可能なのだ。少なくとも、よい仕事をする人はそのことを心得ている。

リスタートを邪魔する最大の敵は「無理だ」と思うあなた自身の心である。アメリカの実業家、ヘンリー・フォード（Henry Ford, 1863～1947）は次のように述べている。

「『できる』と思えばできる。『できない』と思えばできない。どちらにしても、その人が思ったことは正しい」（前掲書『成功者が残した引き寄せの言葉』より）

あなたのリスタートは、ひょっとしたら「今」かもしれない。

Episode

恥を忍んでもう一つ、私自身の昔話をしよう。実は、高校時代、私はスキンヘッドで眉毛をすべて剃っていた時期があった。身長はすでに一八〇センチ以上あり、今よりも厳《いか》つい体つきをしていたため、街中では通行人がすれ違いざまに振り返るほど目立っていた。

理由は単純で、高校に入学して最初の頭髪検査で教員に目をつけられ、バリカンで頭をかられたことにカチンときたからだ。「毛がなければ校則違反ではないのか」と、反抗的な態度を取ったわけだ。おまけに学業成績は、評定平均が「二・〇」とクラスで下から二番目。まさに、絵に描いたような「落ちこぼれ」だった。

この事実は絶対に消えることはない。しかし、私はこうした過去も大切に思えるような「今」を送っている。人間の過去は変えられないというが、それは間違っている。人間の過去は、「今」と「未来」を必死に生きることによって、「あのときがあったから今がある」と思えるような、かけがえのない思い出に変えることができるのだ。

7 「嫌なこと」はやらない

「好き嫌い」だけで物事を判断する生き方は危険だ、と第3章で述べた。「好き」とか「嫌い」というのは、迷ったときの一つの判断材料でしかない。さまざまな価値観で検討し、それでも迷ったら、最後は本当に嫌いなものはやらないという選択をすることが正解となる。ただし、食わず嫌いではいけない。私自身、二〇代のときの失敗からこのように確信している。

新卒社員には、まず「営業職」からスタートさせるという会社が多い。そのことを知っているにもかかわらず、営業職に偏見をもっている人が意外と多い。実を言うと、私も新人のときは営業という仕事から逃げ回っていた。

「講師職で入社したのに、なぜ営業に回らないといけないんだ！」

正直なところ、心のどこかでこのような不満があった。最後の最後まで逃げ回って、結局、一回も営業に行かなかったのは社内で私ただ一人だった。このことは、今になって反省している。

しかし、起業をして、すべてを自分でやらなければいけなくなったことで、営業という仕事に対する見方が一八〇度変わった。その奥深さや魅力に気づくことができたのだ。営業一筋の人に言わせれば、「営業ができない人間はほかの仕事もできん」となる。「なぜですか？」と尋ねると、「営業ほど、人の気持ちが分かる仕事はない」と言う。人が存在しない仕事などないわけだから、相手のことをいかに知るか、これがよい仕事をするためには大切だと教えてくれた。

ここで言いたいことは、「特定の職種に偏見や先入観をもたない」ということだ。本当に嫌いかどうかは、やってみないことには分からない。与えられた仕事は、選り好みをせずに、まずは何でも一所懸命に取り組んでみることだ。同じ営業でも、アプローチの仕方は人によってまったく違うのだ。

「ペコペコ頭を下げて回ることだけはしたくない」

「毎月のノルマがあるような営業には耐えられない」

あなたが嫌なのは、営業職そのものではなく、「押し売り」「飛び込み」「謝罪の強要」ではないだろうか。もちろん、このようなことを強要してくる会社も存在している。本当に嫌なら、そのような会社に就職しなければいいだけだ。

しかし、多くの人は、「自分が本当に嫌なことは何か」が分かっていない。それを、なぜ嫌だと思うのか。自分の価値観を、今一度、深く探ってみることが大事である。

Episode

私が新規事業の相談などでお世話になっている傳田信行氏は、稀代のビジネスパーソンだ。一九七六年に「インテルジャパン株式会社」が設立され、彼はその社員第一号として入社した。その後、アメリカ本社副社長などを歴任され、二〇〇一年三月に代表取締役会長を退任し、現在は「傳田アソシエイツ株式会社」を設立して、現場の第一線で活躍している。

傳田氏はかつて、アメリカ本社に対しても安易に首を縦には振らなかったことから、「ノーマン」というニックネームが付けられていた。仕事に対してとことん向き合っていたからこそ、相手が誰であろうと、自信をもって「ノー」と言うことができたのだろう。

「嫌なことはやらないほうがよい」と言うと、「そうは言っても、妥協しないとやっていけないんですよね……」と言う人がいる。たしかに折れることも必要だが、自分にとって本当に守らなければならないことが何なのか分かっていれば、「ノー」と宣言しても仕事は白紙にならない。むしろ、「嫌なことは嫌だ」と主張することで相手と本音の関係を築くことができ、よい仕事へとつながるものだ。

長年わたってインテル株式会社でトップを走り続けた彼が、そのことを証明してくれている。

8 最初の二年間で評価が決まる

よい仕事をする人だけが知っている事実がある。それは、最初の二年間の働きで、その後の周囲からの評価が決まってしまうということだ。物事はスタートが肝心というが、そこで信頼を勝ち取れるかどうかが、その後のキャリアを形成するための分岐点となる。

おそらく、入社した最初の二年間は、研修をこなしながら膨大な量の「雑務」を任されることになる。その会社で扱っている製品やサービスについて、徹底的に教え込まれることだろう。どんな些細なことでも、決して手を抜かずに全力でやらなければならない。「お茶汲み」と言われる仕事一つで、差をつけることも可能である。「君が煎れてくれたお茶は美味しいよ」と言われる存在になれば、雑務も「君にしかできない仕事」となる。もし、お客さんに同じようなことを言われたら、社外にまであなたの存在を知らしめることになる。

些細なことができない人間に、大きな仕事が任せられるわけがない。下積み期間を決して疎かにしてはいけない。この「下積み」と言われる仕事に愚痴をこぼす暇があったら、その「下積み」から何が学べるかを考えよう。そして、一日でも早く「一人前」になるのだ。

「あのとき必死に頑張ったから今がある」

よい仕事をする人は、口を揃えてこのように言っている。

9 仕事と育児を天秤にかけない

よい仕事をする人は、仕事も、結婚も、育児もあきらめることがない。すべてに全力投球する。よって、「仕事と家庭、どちらが大事か？」という質問はナンセンスとなる。そもそも、両者は比べる土俵が違うわけだし、「仕事∨家族」などと単純な比較をすることはできない。

天秤にかけるということは、「仕事四〇パーセント、育児四〇パーセント、趣味は一〇パーセントくらいでいいかな……」といった具合に力を分散させてしまうということだ。

四〇パーセントの力で、親の役目は果たせるだろうか？

「どちらも大事」が正解！

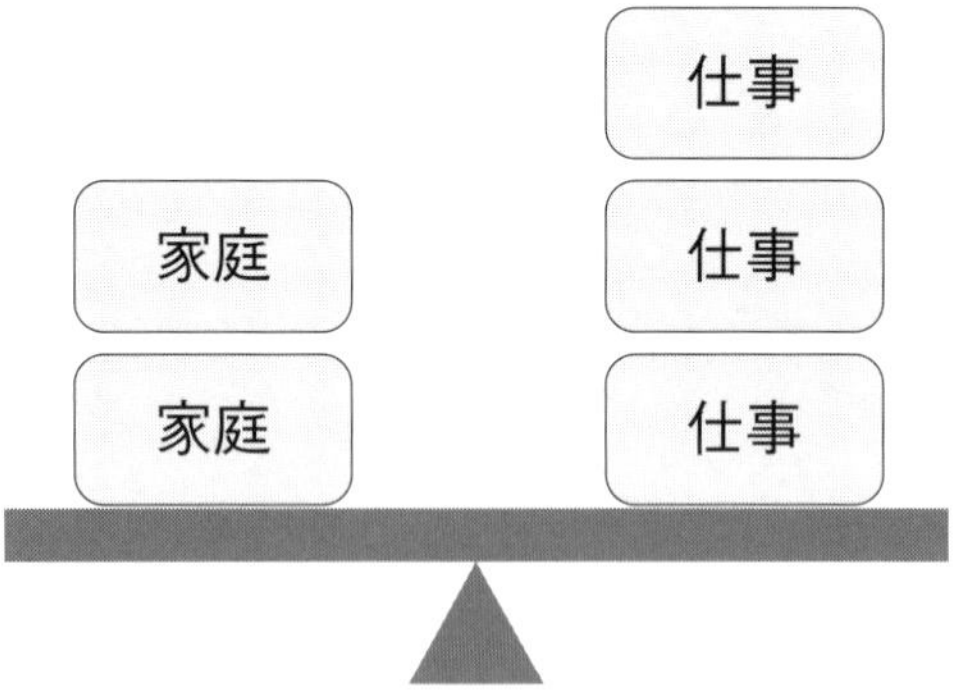

四〇パーセントの力で務まる仕事とは、いったい何だろうか？

職業人としても、親としても、パートナーとしても、すべてが中途半端になってしまうだろう。仕事も家庭も、両方が大事なのだ。大事なものを一つに絞る必要はない。よい仕事をする人は、プライベートの時間を確保しながら仕事に全力投球をしている。

「男だからできない」

「女だからできない」

これもただの言い訳にすぎない。そこに、男女の壁は存在しないのだ。「育児」も「趣味」も、そして「仕事」も、「二足の草鞋《わらじ》」を履いて全力疾走しよう。

Episode

仕事と育児の両立を例に挙げたわけだが、無論、学業とスポーツも同じである。

私が教鞭を執っている上武大学は、毎年のように箱根駅伝に出場するという強豪校である。その駅伝部に所属し、毎回、私の講義を熱心に聴講してくれる学生がいる。もちろん、箱根駅伝にも出場を果たしており、学業だけでなくスポーツにも精を出している。当然、その練習量は半端ではない。それでも弱音を吐くことはなく、学業に対しても貪欲に取り組んでいる。

どういうわけか、社会人になると、あれほど嫌だったはずの勉強が無性にしたくなる。多くの人は、学生を卒業してから学びの大切さに気づくわけだが、なんとももったいない話だ。駅伝部の彼だって、疲れて眠くなったり、時にはすべてを投げ出したくなることもあるはずだ。それでも彼は、学業とスポーツは両立できると、身をもって証明してくれている。

もし今、あなたが学生であるなら、本気になって文武両道で励むことだ。このときに頑張った経験は、社会人になってきっと活きてくる。

10 「タイミング」を逃さない

ひと昔前の日本では、転職はネガティブなものとして捉えられていた。「終身雇用」といって、新卒から定年まで同じ会社に勤め上げるというのが一般的な考えだった。

日本では、「一つのことを続ける」ことが美学とされている。しかし、もし今、二〇代のあなたが転職を真剣に考えているなら、今がそのチャンスかもしれない。前述したように、入社して早々に見切りをつけてしまうというは考えものだが、転職は二〇代がもっとも成功しやすいというのもまた事実である。

同時に、転職エージェントが絶対に教えてくれない業界事情がある。それは、「三〇代での転職成功率は極めて低い」ということだ。転職は、スキルと経験を身につけた「三〇代以降がベスト」という情報が一部に出回っているが、それは間違いだ。

「チャンスの女神に後ろ髪はない」と言う。一度逃したチャンスは、もう二度とやってこないかもしれない。とくに、異業種に挑戦をしたいなら、二〇代のうちがよい。

アメリカの政治家、ヘンリー・キッシンジャー（Henry Alfred Kissinger, 1923〜）が言った「チャンスは貯金できない」という名言もある。勝負をしないといけないときが人生のどこかで必ず出てくるはずだ。そのときに、いかに躊躇なく動けるか——それが勝敗を左右することになる。ドイツの詩人、ヴィルヘルム・ミュラー（Johann Ludwig Wilhelm Müller, 1794～1827）は「機会を待て、だがけっして時を待つな」と言っている。

よい条件が揃うまで、「まだダメ、まだダメ」と勝負から逃げていたらチャンスを逃すことになる。よい仕事をする人は、ドンピシャのタイミングで打つから、人より前に飛ばすことができるのだ。

11 「正社員」にこだわらない

雇用形態が多様化する現代社会では、必ずしも正社員が正解とはかぎらなくなっている。あなたの親の世代では、まだ正社員が当たり前だったかもしれないが、時代は日々変化しているのだ。ゆえに、正社員を選ぶ理由が「クビになるリスクが少ないから」だとすれば、もう一度熟考すべきだろう。

「安心して働ける雇用形態」というと、一見よく聞こえるが、同時に緊張感も薄れやすいものだ。長年、正社員として働いていると、そのポジションに胡座《あぐら》をかいてしまうことにもなりかねない。いつしか、よい仕事をしたいと思っていたことすら忘れてしまうのではないだろうか。

また、前述したように、これからの時代は収入源を複数もつべきだと私は思っている。正社員の場合、会社によっては仕事の掛け持ちを認めていないところもまだまだ多いはずだ。そうなると、一つの収入源に依存することになる。仮にクビにならなかったとしても、会社が倒産してしまったら収入が途絶えてしまうことになる。先の見えない時代において、会社の「生き残り戦」は熾烈極まりない。どんなに大きな会社であっても、とても一生安泰などとは思えない。

私が代表取締役CEOを務める教育ベンチャー企業「株式会社 Brave New World」の社員も、多くが複数の仕事を掛け持っている。まだ模索段階ではあるが、社員一人ひとりの個性を発揮できる新しい働き方をこれからも提案していきたいと思っている。

あなたにも、あなたにあった働き方があるはずだ。それをいち早く見つけることが、よい仕事をする絶対条件となる。

Episode

一般的な場合、大学の教員は有期雇用が多い。「いつ契約を切られるか分からない」と、行く先に不安を感じている人が少なくない。私の周囲にも、このように言って嘆く人がいる。しかし、その一方で、正社員になれるけれど、あえて契約社員の道を選んでいるという知人がいた。

まだ三〇代だったこともあり、珍しいと思ってその理由を尋ねてみると、「自分で仕事を選択することができるからだ」と言っていた。別の仕事をはじめたいときも、今の仕事の都合をつけやすいと言うのだ。

「本気でそう思っているのだろうか？」と疑う人がいるかもしれないが、実際、複数の会社から正社員でのオファーを受けており、決して強がりなどではなかった。このように、他人の価値観に流されずに自分の頭で考えて行動できる人ほどよい仕事をするものだ。

12 「武器」を身につける

よい仕事をする人は、「武器」となるものをもっている。これから社会で闘おうと思ったら、武器が不可欠となる。その武器を身につけるためには、一つの仕事を極限まで磨き上げる必要がある。世の中に楽な仕事などない。どのような仕事も、究めようと思えば相応の労力が必要とされるということだ。

何を武器にするかは、人によってそれぞれ違う。大事なことは、武器の内容そのものよりも、「これだけは誰にも負けない」という自信がもてるくらい頑張り抜いたという経験だ。具体的には、特定分野の本を最低一〇〇冊読めば、その道の専門家になれると言われている。

また、「The New Yorker」とう雑誌のライターであるマルコム・グラドウェル(Malcolm Gladwell)氏が提唱しはじめた法則に「一万時間の法則」というのがある。一つのことに一万時間没頭すれば、それは仕事として通用するだけのレベルになるという。

一万時間と聞いて、どれくらいの時間なのかイメージしにくいだろう。仮に、一日に五・五時間費やしたとしたら、五年間取り組めば約一万時間となる。この時点で、あなたは「一〇〇人に一人」という逸材になれるのだ。

よい仕事というものは「稀少性」に集まるという性質がある。稀少性とは、「滅多にお目にかかれない存在」ということである。もし、別の分野でも同様に取り組むことができれば、「一〇〇人に一人」×「一〇〇人に一人」で一万人に一人という逸材となる。こうして専門性を二つ、三つと加えていけば、結果として、自分の価値を上げていくことにつながる。

その際、似通った専門性よりも、異なる分野の掛け合わせのほうがその希少性を高めることになる。たとえば、私の場合、経営学領域で「リスクマネジメント」と「マーケティング」、教育学領域では「キャリアデザイン」を専門としている。リスクマネジメントやマーケティングに関するそれぞれの専門家は世の中に大勢いる。また、キャリアデザインの専門家も世の中に溢れていることだろう。しかし、この三つの分野を掛けあわせた専門家は、これまで聞いたことがない。教育ができる経営者、または経営ができる教育者は極めて少ないということだ。

「この仕事なら君しかいないよね」

こう言ってもらえる人を目指そう。

Episode

「就職・転職、ともに履歴書の特技欄にさまざまな資格を書いてくる人がいます。もちろん、それ自体は悪いことではないのですが、ペーパー上だけの人もいて、実践ではあまり役に立たない場合が少なくありません」と言った人事担当者がいる。

採用する側からすれば「資格＝武器」とはならない。資格は、それを活用できて初めて武器となる。ただ数をもっていればいいというものではないのだ。ちなみに、私は普通自動車の免許すらもっていない。

ところで、就職支援を行っている知人がいるのだが、ある日、彼のもとに就活生が相談に来た。その学生は、通関士の資格をもっているのに、志望する業界でなかなか内定が取れないという。私の知人はその学生に対して、「エントリーシートには、資格をあえて小さく記載したほうがよいでしょう」とアドバイスしたそうだ。すると、途端に書類審査を難なく突破するようになった。さらに面接のとき、「なぜ、このような難関資格をもっているのにもっとアピールしないの？」と逆に質問されたという。

もちろん、その後、念願の内定を得たと聞いた。資格はさりげなく書いておくくらいでちょうどいいのかもしれない、と思わせるエピソードだった。

13 MBAは使えない？

前節の続きになるが、武器を身につけようと思うと、真っ先に資格の取得や学歴アップを目指す人がいる。その代表的なものの一つに「MBA」がある。MBAとは、「Master of Business Administration」の略称で、「経営管理学修士」のことである。大学院で与えられる学位の一種である。

二〇〇〇年ごろまでは、海外のMBAコースに留学した日本人の多くが企業の幹部候補となった。その影響からか、一時期は本のタイトルに「MBA」と付いているだけで飛ぶように売れたという。しかし、時代は変わり、アメリカでは「運転免許証」と言われるほど一般的なものとなった。日本でも、ひと昔前ほどMBAホルダーは特殊で珍しい存在ではなくなっている。

「ＭＢＡなんて取っても仕方がない」

このように言って、ＭＢＡ自体の価値を否定する人もいるが、本当にそうだろうか。たしかに、ＭＢＡの流行は過ぎ去ったかもしれない。だが、使えなくなったかと言えば、それは大嘘だ。ＭＢＡを取る過程で得られる学びはたくさんあるのだ。

「何を学べば、キャリアに役立つか」

ということばかりを気にしている人が多い。それよりも、自分が学びたいものを学んだほうがはるかによい。前節でも述べたように、武器は人それぞれ違うはずだ。何を身につけるかは、あなたの自由なのだ。

たとえば、「なぜ、教員になったのか？」と学生に質問されて、「教育産業の市場性を考えた結果」と答えられたら、相手はどう思うだろうか。もしかしたら、経済アナリストには向いているかもしれないが、おそらく、そんな教員に魅力を感じる学生はいないだろう。

よい仕事をする人は、「何を学んだらキャリアに有利か」と考える前に、「自分は何を学びたいか」に意識を傾けている。

メモ欄

第5章

生産性——テクニックを「使えるスキル」に変える

日本政府が「働き方改革」を推進するようになって以来、ビジネスパーソンの間では「生産性」という言葉がますます脚光を浴びるようになった。創造的な仕事をしたいと願うすべての人が理解しておくべき命題、それが生産性である。

生産性を向上させるうえで大切なことは、必ずしも効率だけを追求してはいけないということだ。小手先のテクニックを磨くことに終始する人がいるが、どれだけ技を増やしても、それが実戦で活かされなければ意味がない。テクニックは、それを使える「スキル」に変えることができて初めて意味をもつようになる。効率だけが唯一の正解ではないことを踏まえたうえで、仕事においてより良く成果を上げていく必要がある。

本章では、そのために大切となる事例をピックアップし、生産性という視点から「よい仕事とは何か」について論じていくことにする。

1 ニートには生産性がないのか？

近年、「ニート」という言葉がニュースで取り上げられることが多くなった。この問題についてだが、いったい何が本質なのだろうか。なかには、「生産性がないから」と答える人がいるが、本当にそうだろうか。

「三年寝太郎」という民話がある。地域によってさまざまなバージョンがあるのだが、その粗筋はおおよそ以下のとおりである。

寝太郎はいつも寝てばかりいる、一見するとただの「怠け者」の男である。そんな彼が、ある日、突然起き出したかと思うと、灌漑《かんがい》を成し遂げ、村を旱魃《かんばつ》から救ったという。

つまり、寝太郎は、三年間ただ眠り続けていたのではなく、いかにして村を救うのかと考えていたわけである。

「ニート」と呼ばれている人たちについて考えるうえで、この話は非常に興味深い。たしかに、ニートは現時点では何も生み出してはいないかもしれない。しかし、それをもって「何も考えていない」とまでは言い切れない。寝太郎のように、突如、ブレイクスルーすることだってあり得るのだ。

ここで私が伝えたいことは、「人は変わる」ということだ。寝太郎が評価されるべき点は、他人から何と言われようと、じっくりと時間をかけて考え抜いたことだ。生産性や効率性を考える前に忘れてはいけないことがある。それは、「何とかできないか」とギリギリまであがくという「執念」だ。

何か仕事のことで相談したり、指示をしたりすると、すぐに「できません」とか「無理です」と答える人がいる。まるで口癖になっているかのようだ。よい仕事をする人の辞書には、「不可能」という文字はない。無理難題だと思っても、最後の最後まであがき、最終的には「可能」にしてしまう。

イギリスが生んだ喜劇王、チャールズ・チャップリン（Sir Charles Spencer "Charlie" Chaplin, KBE, 1889~1977）も次のように述べている。

「アイディアというものは、一心に求めていれば必ずくるということを発見した」（前掲書『成功者が残した引き寄せの言葉』より）

四六時中、あるテーマのことを考えていれば、問題解決のヒントが浮かんでくるものだ。普段歩いている道であっても、ゴミを捨てようと意識して歩けば、「こんな所にゴミ箱があったのか」と気づくことがある。意識して歩いていたからこそ、目に入ってきたのだ。

そのためにも、無駄を恐れてはいけない。何が役立つかなんて、実際のところ、あとになってみないと分からないものだ。

Episode

ここでの話をある経営者にしたところ、次のように言われてしまった。

「そうは言っても、ニートのままずっと過ごしている人が多くなったのではないか。三年であればいいが、五年も一〇年もニートのままという人がいるから社会問題になっているのだろう。経済面でも、社会貢献という面でも、そのような人たちにはあまり期待することができない」

たしかに、一般的な会社であれば、結果を出せるようになるまで、そう長い猶予はないだろう。何より、今のまま変わらなければニートはニートのままなのだ。もし、現在「ニート」と呼ばれる人が読者にいるなら、是非とも、周囲の批判を覆すだけのことを成し遂げて欲しい。

2 残業は「悪」なのか?

現在、日本社会では「残業をしないように」という意識が浸透しはじめている。二〇一七年二月二四日からは「プレミアムフライデー」という制度もはじまり、毎月末の金曜日は午後三時に退社し、買い物や小旅行に充てて欲しいというものだ。

スタートした当時はマスコミでも取り上げられたほか、繁華街に位置する飲食店ではその効果を見込んで、夜の営業を早めたりもした。しかし、盛り上がったのも束の間、今この言葉を口にする人はほとんどいない。

そもそも、残業は無条件に「悪」なのだろうか。一概にはそう言えないはずだ。なかには、労働時間によって生産性が決まるという仕事もある。その代表的な例が工場のベルトコンベアによる作業だろう。長時間にわたって稼働すればするほど生産性は上がる。この場合、残業は「悪」ではなく、生産性を上げる「良いこと」となる。

体調を考えて、健康状態を維持できるのであれば、したければしたいだけ残業をすればいいと個人的には思っている。ただし、それには生産性が高いということが絶対条件となる。問題なのは、残業そのものよりも「生産性」にあるのだ。

時代が変わり、ベルトコンベアでモノを製造するような「機械が主役」という仕事が減ってきた。その一方で、「人が主役」という仕事が増えている。つまり、創造的な仕事に価値が置かれるようになったということだ。となると、単純に時間で生産性を計ることができなくなる。

分かりやすい例で言えば、作曲家が朝九時に出社して、夕方五時に退社するという働き方をして、よい曲がつくれるとは思えない。また、一日中、集中力を持続できる人などもいない。生身の人間であれば、必ず生産性は落ちてくるのだ。

ちなみに、私の場合、労働時間を減らしたら年収が増えた。その後も、労働時間を減らせば減らすほど年収は増え続けていった。世界的なマーケティング・コンサルタントで、現在成功している多くの起業家を育てたことでも有名なダン・ケネディ（Dan Kennedy）も、「一日八時間も〝長く働く〟なんて無理だ」と言ったという。それほど、人が集中して働くにはエネルギーが必要だということだろう。その代わり、集中した一時間は、ダラダラと働いた八時間に匹敵する。制約のない仕事なんてどこにもない。つまり、「もっと時間があれば……」というのは言い訳でしかないのだ。それが、現時点でのあなたの実力だと認めよう。

よい仕事を昨日よりもっと短い時間でする――これが「成長する」ということだ。

Episode

よい仕事をするためには「集中」がキーになると書いた。集中力を高めるためには、あなただけの「勝負スポット」があると便利になる。勝負スポットとは、ここぞというときに集中でき、いつも以上に仕事が捗る場所のことだ。

私の場合、新刊の原稿がたまると、山中湖畔に一週間くらいこもって執筆に明け暮れることがある。とくに、夏休みの期間は東京を離れ、涼しい場所で仕事をするほうがはるかに捗る。また、都内からすぐに行ける距離ではないので、ほかの誰かに邪魔されにくいというメリットもある。

勝負スポットは、職場の近くの図書館でも、行きつけのカフェでもいい。集中できる場所は時々によって変わっていくこともあるので、複数もっておくとなおいいだろう。

「今日は気分が乗らないな」と感じたら、いくつか回ってみるようにしよう。

職場を離れてまで追い回されたくないので、誰にもその存在を明かさないものだが、ここだけの話、よい仕事をする人は、必ずと言っていいほど自分だけの勝負スポットをもっている。

3 モチベーションが上がらないときの最善策

「モチベーションが上がらない……」

このような小言を言う人がいる。正直なところ、鬱やハラスメントなどの原因でなければ、「自分の仕事のモチベーションくらい自分で保て」と言いたくなってしまう。極端にモチベーションにムラがある人によい仕事はできない。

とはいえ、このように突き放すことは簡単だが、それでは元も子もない。人間であれば、誰しも気分が乗らないときはあるはずだ。

「いつも気分は上々」

これが理想かもしれないが、きっとそうはいかない。失恋をしたり、「もう嫌だ」と投げやりな気持ちになる日もあるはずだ。そんなときに、「歯を食いしばって頑張れ！」と発破をかけるのは酷というものだ。

それでも、あらかじめ締め切りが決まっていて、否が応でもやらなくてはいけないときがある。気分が落ち込むたびに毎回仕事を中断していたのでは、いつまでたってもやるべきことが終わらない。モチベーション云々ではなく、「やる」しかないのだ。

そうしたときの最善策は、効率を求めず、頭を使わなくてよい仕事に着手することだ。つべこべ言わずに、機械的にでもよいのでとにかく手をつけてしまえば、徐々にだろうが事態は好転していく。小さくとも、着実に一歩ずつ前には進んでいるのだから、何もしないよりはよほど生産的と言える。

「モチベーションが上がらない」などという愚痴は、一日か二日で解決する問題だ。「よい仕事をして、『君がいてよかった』と言われたい」

こうした大きな目標を前にすれば、「やる気が出ない」というのは小さな問題でしかない。こう考えれば、きっと前向きになれるだろう。

4 よい仕事を「真似る」

二〇代でよい仕事をするために極めて有効な方法がある。それは、よい仕事をしている人を見つけて、その人のやり方を徹底的に真似ることだ。

武道や茶道で使われていた言葉で、「守《しゅ》・破《は》・離《り》」という考え方がある。

第一ステップとなる「守」は、師匠が教える型をマスターする段階。

第二ステップとなる「破」は、基本となるその型にアレンジを加える段階。

第三ステップとなる「離」は、型を離れ、まったく新しい「自分流」を確立する段階。

よい仕事したいのなら、まずはそのための基礎となる先人が確立した型を身につけることが大事だ。「やらない」と「できない」は大きく違う。型を知ったうえで、あえてそこから外れるのと、そもそも型を知らないのとでは雲泥の差となる。

「真似る」といった表現に、ネガティブな印象をもつ人もいるだろう。しかし、真似ることによって自ら体得したものだけがあなたの実力になる。ちなみに、「学ぶ」という行為の語源は「まねぶ」という言葉とされている。つまり、もともと「学ぶ」とは「マネ・模倣」するということなのである。時として、自分の頭で考えるだけというのは効率の悪い行為となる。

極端なたとえだが、どれだけの時間があれば、あなたはゼロから「フェルマーの最終定理」を導き出すことができるだろうか。おそらく、九九・九パーセントの人が一生かかっても発見できないだろう。

仕事の真似方にはコツがある。それは、テクニックではなく「スキル」を真似るということだ。両者を同じ意味で使っている人もいるが、厳密にはテクニックは「技術」、スキルは「技能」と訳される。その決定的な違いは、「考え方を理解しているかどうか」となる。

テクニックとは「動作、行動、知識」であり、それらは「一過性」のものだ。一方、スキルとは、「意思決定」や「判断状況」を伴って行われるものである。これは、真似た仕事の考え方やあり方を分かっていないとできない。

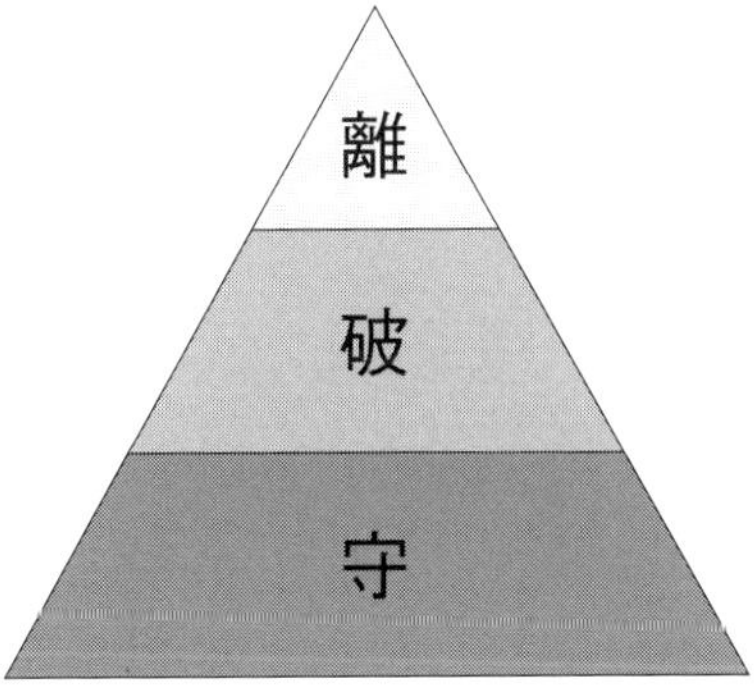

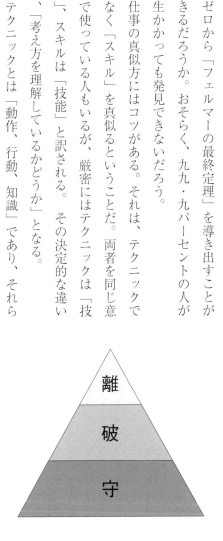

学びの極意として、「近代日本経済の父」と言われる実業家、渋沢栄一（一八四〇～一九三一）は次のように言っている。

「真似はその形を真似ずして、その心を真似よ」（前掲書『成功者が残した引き寄せの言葉』より）

まさに、学びの真髄と言えるだろう。

Episode

フェルマーの最終定理（Fermat's Last Theorem）について簡単に説明をしておこう。フランスの数学者ピエール・ド・フェルマー（Pierre de Fermat, 1601～1665）が、3以上の自然数「n」について、xn + yn = zn となる自然数の組（x, y, z）は存在しないとした定理のことである。「フェルマーの大定理」とも呼ばれている。

長らく証明も反証もなされなかったことから「フェルマー予想」とも称されたが、三六〇年後、オックスフォード大学の教授アンドリュー・ワイルズ（Andrew John Wiles, 1953～）によって完全に証明され、「ワイルズの定理」あるいは「フェルマー・ワイルズの定理」とも呼ばれるようになった。サイモン・シンが著した『フェルマーの最終定理』（青木薫、新潮文庫、二〇〇六年）という本もあるので、さらに興味をもった人は読んで欲しい。

5 「一手間」を惜しまない

学生時代、ある教員から次のことを教わった。

「レポートは、紙の端を揃えることはもちろん、ホチキス止めした裏にテープを貼ること」

ページをめくった際、指を切らないように読み手のことを考えた「配慮」である。

六九ページで紹介した宮澤章二の詩の一節、「『思い』は見えないけれど『思いやり』は見える」の好例と言えるだろう。こうした作業の端々に、仕事に対する熱意や力量の差が出てくる。

当時、学生だった私は、「そこまでするのか……」と衝撃を受けてしまった。しかし、社会人になってからはその大切さを痛感している。

「神は細部に宿る（God is in the detail）」という言葉もある。この言葉は、「近代建築の四大巨匠」とも呼ばれ、二〇世紀のモダニズム建築を代表するルートヴィヒ・ミース・ファン・デル・ローエ（Ludwig Mies van der Rohe, 1886~1969）というドイツ出身の建築家が残したものである。その意味は、「本当に素晴らしい技術やこだわりは、目に見えにくい」となる。

よい仕事をしようとすると、どうしても手間暇がかかってしまう。もちろん、当然のことなのだが、つい手を抜こうと思ってしまうのも人間だ。しかし、横着するとすぐにばれてしまう。そうなれば、「こいつは手抜きをする奴だ」というレッテルを貼られてしまうことになる。

よい仕事をしたいなら、ひと手間を惜しまないことだ。手抜きをして、やり直しとなれば、生産性や効率性が落ちるのだ。あなたも、手抜き工事が原因で大きな社会問題になったマンションのことを覚えているだろう。経費を安く上げようと思って「手を抜く」、その結果、とんでもない代償を払うことになった。

「売り上げが悪いせいでしょう。多くの出版社が経費を抑えようと思い、時間も含めて手間をかけなくなっていますね。それが理由で、消費者へのサービス精神が疎かになっています。本という商品ですから、命にかかわるということはないでしょうが、精神面では大きな影響を与えることがあります。各執筆者、各出版社がそのことを省み、これまで以上に読者に対して内容面でのサービスを提供すれば、より読みやすい、より理解しやすい本ができるはずです。そうすれば、もっと本が売れると思うのですが……」

と言ったのは、本書の出版社である新評論の社長である。もちろん私は、これらを踏まえて本書を著した。

ほんの一手間で天と地ほどの差がつく。あと一パーセント、読みやすくできないか？あと一パーセント、持ち運びやすくできないか？あと一パーセント……その積み重ねが「よい仕事」を生むことを心得ておこう。

Episode

「インタビュー取材を利益につなげる」

私がディー・エヌ・エー創業者の南場智子社長から直接聞いた話だ。南場氏は、創業当初から新聞や雑誌などのインタビュー取材を受けることが多かったという。当たり前だが、その最中は直接的に儲けが出るような仕事はできない。多くの人は、その間、生産性がゼロになってしまう。

しかし、そこはさすが南場氏といったところか。ひと手間を工夫することで、一見一円にもならなさそうなインタビュー取材の時間も、会社に利益をもたらす有意義な時間にするという。

その極意は「どのような記事になるかを意識して答える」ことだという。そうするかしないかで、記事のできがまったく違ったものとなる。受け身の姿勢では時間の浪費になりかねないが、会社の広報につながる記事を書いてもらえれば、ただの拘束時間から利益を生む生産的な時間へと変わるのだ。

トップの経営者には、こうしたひと工夫が身体に染み付いているものなのだとつくづく感じてしまった。

6 二者択一を迫られたら「両方」を選ぶ

突然だが、ここであなたに一つ質問がある。

「重要な会議に向かう途中、あなたの目の前で荷物を持ったおばあさんが、階段を上れず

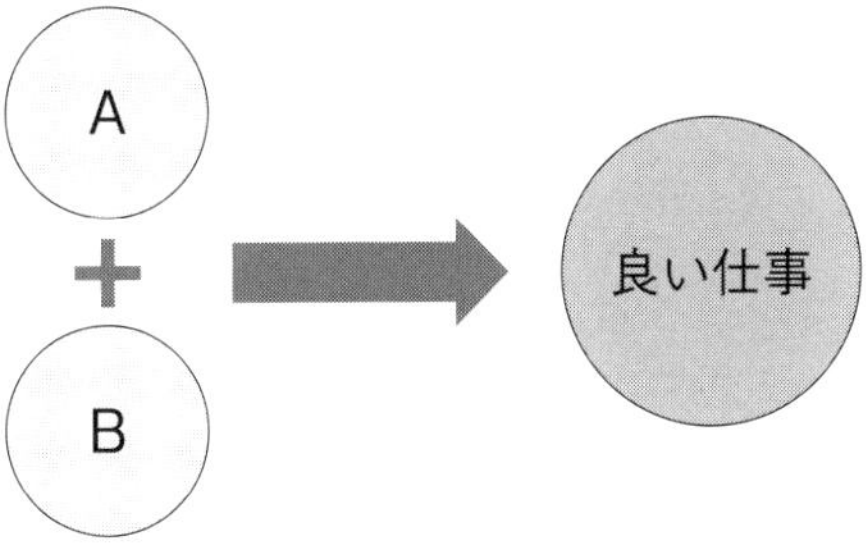

に困っていたとする。さて、あなたならどのような行動を取るか？」

会議を優先して、見て見ぬ振りをするというのが正解だろうか。否、それは半人前がすることだ。

では、会議に遅れてでも、おばあさんを助けるのが正しいのだろうか。

これも違う。人としてはよいが、一流のビジネスパーソンとしては認められない。

答えは、「おばあさんを助けて、会議にも遅刻しない」となる。「そんなムチャな……」と思ったかもしれないが、よい仕事をする人は、「A or B」と聞かれても「A and B」と答える。つまり、よい仕事をする人はどちらもあきらめないということだ。

たとえば、一流のシェフは、お客様から「ミシュランで星を獲得するほどの美味しい料理が食べたい。でも、値段は手頃がいい」といった無理難題とも思えるオーダーを受けても、なんとか実現してしまうものだ。「それは無理です」などと、簡単に断ったりはしない。二者択一を迫られたら、本当に一つしか取れないのかと疑ってかかろう。両方を選んでみてから、「どうすればできるか」と打開策を考えればよいのだ。すると、思っていたよりも苦戦せずに両方とも手に入ったりするものだ。その結果、生産性を二倍に引き上げることになる。

Episode

私の高校時代は「超」がつくほどの落ちこぼれだったという話を第4章（一二七ページ）でしたが、三年間でたった一度だけクラスの役に立ったことがあった。

高校二年生の文化祭のときのこと、団結力を高めるためにクラスTシャツをつくろうという話になったのだが、色を決める際に意見が二つに割れてしまった。「緑がよい」という意見が半数、「蛍光イエローがよい」という意見も同じくらいあった。最後の最後まで揉めていたので、業を煮やした私が「それなら、間を取って『蛍光黄緑』はどうだろうか」と半分冗談のつもりで発言した。すると、意外なことにその意見が採用され、クラスがすんなりとまとまった。

どちらも諦めないということは、両者が少しずつ譲歩することと言えるのかもしれない。

7 通勤時間は短いほうがよいのか?

「通勤時間は短いほうがよいに決まっている」

もしかしたら、あなたもそう思っているかもしれない。予備校講師の林修先生も、あるテレビ番組で長時間通勤の弊害について訴えていた。たしかに、満員電車のストレスは計り知れないものがあるし、運よく座れたとしても、そこで仮眠をとることはおすすめできない。環境の悪さから極めて質の低い睡眠になり、かえって逆効果になることもあるからだ。

こうした理由から、「通勤時間は短いほうがよい」ということには一理ある。とはいえ、「好きで長時間通勤をしているわけではない」と言う人もいるだろう。会社の都合で、やむなく毎日二時間近くの通勤時間を強いられている人もいるはずだ。

そんな場合、「不運だ」としか言いようがないのだろうか。一概にそうとは断言できない、と私は思っている。というのも、通勤時間が長ければまとまった時間が取れ、そこでひと仕事終えることができるからだ。

よい仕事をする人は、通勤時間も無駄にしないものだ。「ただボーッと風景を眺めて、気づいたら眠っていた……」なんてことはあり得ない。電車という箱を「強制自習室」代わりに使っている人も多い。「乗車中にここまで終わらせよう」と目標を決めて、集中して仕事に取り組んでいる。長時間という拘束を逆手にとっているのだ。

ただし、その場合、ＪＲであればグリーン車に乗るほうがいいだろう。それも下の階がベストだ。電車の振動が伝わりにくいため、落ち着いて作業ができるからだ。残念ながら、ＰＣの充電器は備え付けとなっていないが、それ以外は何の不自由もない。座席は広く、リクライニングもきく。車内販売もあり、至れり尽くせりの快適空間だ。前述した「勝負スポット」の一つにもなり得ると思うが、難点が一つ、言うまでもなく別途グリーン券を買う必要がある。

林先生の「時間は貴重な財産」という主張には大いに賛同するが、その使い道は人それぞれである。長時間通勤のなかで自分の仕事の大半を終えてしまい、出社直後から同僚や部下のサポートに回る。そこまではできずとも、車内で時間のかかる厄介な案件を一つでも二つでも片づけられるなら、悪くない使い方だと私は思っている。

Episode

私は、大学までの通勤時はグリーン車を利用している。行き帰りで合計四時間は捻出できるので、コストパフォーマンスも高い。なぜなら、オフィスにいて、これだけの時間はそうそう取れないからだ。意外なことに、隙間時間のほうが集中できるということもあるが、私にとっての通勤時間はその延長線のような感覚となっている。電車の単調なリズムが、自分にあっているのかもしれない。

ちなみに、私は二か月の通勤時間を利用して、受験参考書を二冊書き上げることができた。しかも、この本の執筆と並行しながらである。

8 始業前に一日のスケジュールを書き出す

よい仕事は、始業前のスケジュール確認からはじまる。仕事に取りかかる前に、まずは一日のスケジュールを書き出してみよう。ザックリとした箇条書きで構わない。書き出す紙は、広告の裏紙でもなんでもよい。とにかく、一覧にしたらそれを持ち歩き、一つクリ

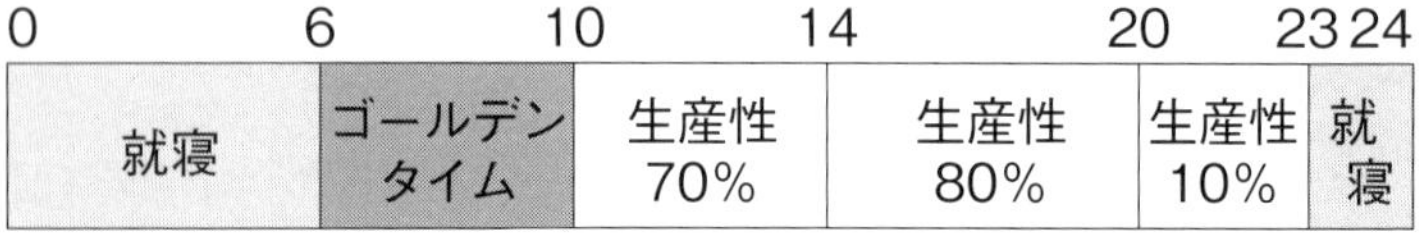

アするごとに線を引いて消していこう。線を引くたびに達成感が味わえるはずだ。そして、一日の終わり、書き出した項目をすべて消すことができたらミッションクリアだ。その達成感は、言葉では言い表せないほど清々しいものとなる。

スケジュールを書き出すことで、今日一日、自分がどう動くのか、シミュレーションすることもできる。また、それを踏まえて仕事に「優先順位」を付けることも可能となる。決めた予定どおりに仕事が進むことはあまりないものだ。だからこそ、よい仕事をするためにはこの作業が絶対不可欠となる。ちなみに、仕事の優先順位は「時間帯」で決めることがコツとなっている。

あなたは、「時間帯と能率の関係」を知っているだろうか？　一日のなかでもっとも生産性が上がる「ゴールデンタイム」と言われる時間帯がある。それは、「朝起きてから午前一〇時まで」だ。それから午後二時くらいまでは生産性が一旦落ち、その後、再び上昇する。そして、二〇時以降は急降下するというサイクルになっている。

一日のスタートを早く切って、朝の時間帯を有効活用する。それが、よい仕事をする人の生産性の高め方となっている。よい仕事のために、「どうでもよい仕事」は後回しにしよう。

9 木を見て森も見る

「木を見て森を見ず」という諺を知っているだろう。小さいことにとらわれて、森全体を見通すことができない状態を意味している。仕事でも、細かいところばかりに目がいってしまって、全体に考えが及ばない人がいる。部分的に最適化できたとしても、全体が最適化されていなければ、結局、生産性が悪いという事態に陥りかねない。

こだわりをもつこと自体はいいのだが、視野が狭くなってしまうのは考えものだ。とかく、二〇代のうちは目に入ったものだけに注意が行きがちである。気づいたら、「もっとも重要な箇所がバッサリ抜け落ちていた……」なんてこともある。

全体を俯瞰できない人によい仕事はできない。よい仕事をする人は、一段高いところから仕事全体を見渡している。つまり、木も森も、両方を見ているということだ。視点が低いと見えなかったものも、高くなることで見えるようになる。私はこれを「鳥の目」と呼んでいるのだが、まさに鳥が空から地上を見下ろしているようなイメージだ。あなたも鳥の目をもてば、どうすれば目指すべき方向に進み、よい仕事につながるか、判断ができるようになるはずだ。

Episode

小学生のころ、算数の図形問題がなかなか解けなかったときのことだ。たまたま家にいた父親が、「プリントから顔を離してみたらどうか」と助言をくれた。

まさかとは思ったが、半信半疑で実際に少し遠ざけてみると、パッとどこに補助線を引けば解けるのか閃いた。この出来事は、子どもながらに衝撃を受けたこととして、今でも鮮明に覚えている。

ここでお伝えした「一段高いところから見る」というのは、あくまでも全体像を把握するということのたとえ話であり、実際に階段で上に行こうということではないのだが、もしかしたら、物理的な意味においても効果があるのかもしれない。

10 五〇点でよいから「こまめな報告」

あなたは「ほう・れん・そう」を知っているだろうか。もちろん、野菜のことではない。仕事の世界で呼ばれる「ほう・れん・そう」とは、「報告、連絡、相談」のことだ。昨今は、ネット上などで「今の時代のほう・れん・そうは『報酬』『連休』『相互理解』だ」などと揶揄されることもあるが、仕事の生産性を高めるためにはもっとも重要なスキルとなっている。

「上司は自分のことを分かってくれない」

このように嘆く人がいるが、上司だからといってすべてを見ているわけではない。あなたがどういう仕事ぶりかを完全に把握するのは、どんな優れた上司であっても不可能だ。その意味で言えば、「ほう・れん・そう」は単なる生産性を高めるスキルにとどまらず、あなたの能力を上司にアピールする絶好の機会と捉えることができる。とりわけ、「報告」についてはこまめに行って欲しい。

思うように仕事が進んでいなければ、報告を先延ばしにしたくなるだろう。その気持ちは理解できるが、先に言えば「説明」となり、後で言えば「言い訳」となる。

途中経過が一〇〇点である必要はない。最終的に一〇〇点を上回る「よい仕事」をすれば結果オーライとなる。もちろん、そのほうが断然、生産性も高くなる。

部下をもつようになると分かるが、「今、ここまでできています。あと、どれくらいで終わります」といった報告があれば、どれほど助かることか。上司としても、その後の仕事の目処《めど》が立つのだ。「完璧」を追い求めるあまり報告を怠る人は、逆によい仕事から遠ざかることになる。

Episode

社会人二年目のころ、私に仕事の進め方を教えてくれたのは、ベテラン経理の白倉晃さんだった。彼は独特のキャリアのもち主だ。あるときはタクシードライバー、またあるときはスーパーの生鮮食品売り場で魚をさばいていたこともある。出会ってからは、学校経理に精通しているだけでなく、講師として登壇することもあった。あらゆるスキルをもっている、まさに「万能戦士」なのだ。

そんな彼が私にアドバイスしてくれたことが、先ほど述べた「こまめな報告」だった。

白倉さんは、外回りをするときでも、携帯を片手に定期的な報告を欠かすことがなかった。

初めて白倉さんに同行させてもらったときに、「なぜ、そこまで逐一状況を報告する必要があるのですか？」と質問したところ、前述の回答が返ってきた。このスキルはあらゆる職種を経験してきた白倉さんが大事にしていることなのだから、きっと、いかなる仕事に就いても通用するだろう。

11 一〇回の確認より、一回のメモ

「ほう・れん・そう」を実行するために欠かせない習慣がある。それは「メモ」である。

「一〇回の確認より、たった一回のメモ」

これが、よい仕事を目指す人の鉄則となる。

仕事忘れの九割は「メモ」で解決することができる。生産性を上げたければ、横着せずにメモを取るようにしよう。また、メモを取るという行為は、「私はあなたの話をしっか

り聞いていますよ」という相手への敬意の表れともなる。よい仕事をする人ほど、マメにメモを取っているものだ。

正直に言うと、私も新入社員時代はメモを取ることが大の苦手だった。自分の記憶力を過信して、暗記しようとしていたのだ。今思えば実に滑稽な話だが、事あるごとに「メモを取れ！」とかつての上司から注意を受けていた。

そんな私だが、現在ではメモにこだわりをもつようになった。ちなみに、私の手帳は使いやすさ、書き込みやすさを意識してMOLESKINE、そしてペンは「PILOT VCORN直液式水性ボールペン」を愛用している。自分にあったものならどんなブランドでも構わないが、スマホや電子手帳ではダメだ。

昨今、さまざまなスケジュール管理ツールが増え

メモ帳

ているが、持ち歩ける手帳を一冊は購入してほしい。その理由は二つある。一つは、スクロールしないと全体が見えない手帳は、約束を見落とすといったミスをしやすくなるからだ。そして、もう一つは、楽に、素早く、感覚的に書こうとしたとき、紙に勝るものはないからだ。

Episode

年末あたりになると、書店や文具店で「手帳フェア」が開催される。担当者に聞くと、「二〇年ほど前の最盛期に比べると売り上げは少ないですが、ここ数年、右肩上がりとなっています。スマホが普及し、みなさんがそれに予定などを書かれていることはもちろん知っていますが、手帳のメリットを追求している方もまだまだ多いのです。それに、おしゃれな手帳が多くなったこともあって、女性にも購入していただけるようになりました」と答えてくれた。

そういえば、電車の中で、小さな文字を熱心に記入している女性を見かけることが多い。根強いアナログ派もいるということだ。

12 やっぱり人は「見た目」が九割？

私も、テレビに出演し、コメントを求められる機会が増えてから、「この前、番組見たよ」などと声をかけてもらうことが多くなった。それ自体は嬉しいことなのだが、感想を聞いてみると、「ネクタイの色が変だった」とか「額に汗をかいていたのが気になった」など、番組の趣旨とは関係ないものばかりである。「話の中身についての感想が欲しい」と思いながらも、それと同時に、改めて「見た目」の重要性を痛感している。

かつて、『人は見た目が9割』（竹内一郎、新潮新書、二〇〇五年）という本がベストセラーとなったが、見た目が人に与える影響は極めて大きい。ただ単に「ネクタイを締めていたから」という理由で仕事が取れることもあるのだから、見た目は間違いなく生産性に直結していると言える。

よい仕事をする人は、見た目にも抜けが目ない。具体的に言うと、違和感を与えない「身だしなみ」を意識しているのだ。もちろん、職種によってそのスタイルは変わるだろう。寿司屋に行って、板前さんがスーツにネクタイ姿では美味しそうな店に見えないだろう。

「オシャレ」と「身だしなみ」はまったく違う。オシャレは自分のためにするものだが、身だしなみは相手のためにしている。つまり、身だしなみとは、相手に違和感を与えないために、TPO(time, place, occasion)をわきまえた服装ということだ。前述した寿司屋のように、板前なら板前らしい服装を心がけるべきである。

そして、見た目は「無難」が一番。勝負所がほかにあれば別だが、服装に関しては無難がベストだろう。ファッションモデルが仕事というなら話も変わるが、そうでないなら勝負すべきは服装ではなく「あなた自身」となる。

オシャレはプライベートで大いに楽しめばよい。見た目で違和感を与えるような人に、よい仕事は務まらない。

13 プレゼンの主役は「相手」

よい仕事をするためには、プレゼン力は必須のスキルと言える。

二〇代のころ、ある大企業との連携プロジェクトでリーダーを任されたことがあった。

私にとって初めての経験だった。連日徹夜をするぐらい資料づくりに時間をかけ、何回も練習を行って本番に挑んだ。しかし、当日は資料を見せることに必死で、意気込みが空回りしてしまった。今考えれば、ほろ苦い経験である。

当時は話すことだけで精いっぱいで、相手の様子を見るといった余裕などまったくなかった。しかし、プレゼンは「相手」が主役である。常に、相手の立場に立って話すという意識がなければ「思い」は伝わらない。すべては、相手を主役にすることからはじまるのだ。

プレゼンの極意は「相手に寄り添って話すこと」、これに尽きる。相手の興味や関心、困り事は何なのか、これらを把握し、寄り添って話さなければ伝わらない。難しいことを難しい言葉で語るのは楽だ。逆に、難解な数式を子どもにも分かるように伝えることは難しい。目線を下げ、相手に分かるように伝えることが大事となる。

当然、相手によって使う言葉や話す内容、そして順番が変わってくる。私も一般の高校生向けに模擬講義をするときと、専門職として活躍している社会人に対して話をするときでは使う言葉を分けている。さらに、五〇代、六〇代の経営者と社会人経験のない学生に話をするのとでは、話すべき内容や順番が変わってくる。このようなことは、容易に想像できるだろう。
「大工と話すときは、大工の言葉を使え」
古代ギリシャの哲学者、ソクラテス（Sōkratēs,BC469?～BC399）の格言だ。この言葉、明らかにテクニックではなく「スキル」と言える。

Episode

ＮＨＫ Ｅテレの子ども向け番組は、「相手に寄り添って話す」ことのお手本と言える。私がＮＨＫの教育番組に出演するときは、監修まで行うことも多い。その際、中高生が主な視聴者層であれば、その年代でも分かる言葉かどうかを二重、三重にチェックしている。

さらに収録では、あるプロデューサーの方からは「台本どおりでなくていいので、先生の言葉で伝えてください」と言われたことさえある。スタジオ出演者は視聴者と大体同じ年代層のため、その様子を見ながら話して欲しいということだろう。

このように非常に高いスキルが求められる現場であるが、だからこそ、多くの視聴者から長い期間、一定の評価を得られるのではないだろうか。

14 結果は「はじめる前」に決まっている

「準備八割、実行二割」という言葉を聞いたことがあるだろうか。すべての仕事は、事前の「準備」で大方決まってしまうという意味だ。どんな職種であっても関係ない。営業職だろうが、事務職だろうが、コンサル職だろうが、それは同じである。

アメリカ合衆国代一六代大統領であったエイブラハム・リンカーン（Abraham Lincoln, 1809〜1865）も次のような言葉を残している。

Give me six hours to chop down a tree and I will spend the first four sharpening the axe.

「木を切り倒すのに六時間を与えられたら、私は最初の四時間は斧を研ぐことに費やす」（前掲『成功者が残した引き寄せの言葉』より）

「これでダメなら仕方ない」と思えるまで、徹底的に準備することだ。資料の準備はもちろん、事前の練習から本番のシミュレーションまで、「これでもか」というくらい入念に行う。とくに、二〇代のうちは自らに自信がもてないという人が多いはずだ。自信がないからこそ、準備に時間をかけるべきなのだ。準備に準備を重ねることではじめて自信がつき、よい仕事に辿り着ける。

「プレゼンの神様」と言われたアップル社の創立者であるスティーブ・ジョブズ（Steven Paul "Steve" Jobs, 1955～2011）は、「練習の鬼」だったという。数々の名スピーチ・ステージを行い、聴衆を魅了することができたのは決して才能だけではないのだ。十分な準備がそれを支えていた、ということだ。

また、フランスの生化学者だったルイ・パスツール（Louis Pasteur, 1822～1895）は生前このように述べている。

le hasard ne favorise que les esprits préparés
「チャンスは準備のできていない者を助けない」（前掲『成功者が残した引き寄せの言葉』より）

「勝負は時の運」と言うが、運がめぐってきたところで、それを活かせるかどうかは事前の準備で決まる。つまり、準備をしていない人に運は作用しないということだ。このように考えると、よい仕事の結果は、はじめる前に決まっているということが分かるだろう。

よい仕事をしている人は、勝つべくして勝っている。

15 「一次情報」は経験の差を埋める奥の手

二〇代の最大の強みと言えば「若さ」だろう。しかし、それが時として不利に働くこともある。つまり、「経験不足」ということだ。二〇代より、四〇代、五〇代のほうが長く生きているだけあって、経験値は上となる。ベテラン勢に圧倒されている若手社員の姿を、幾度となく目にしたことがあるだろう。経験値の少なさを嘆いたところでしょうがない。なんと言っても、若いことに変わりはないのだ。

だが、経験が浅いからといって、よい仕事ができないわけではない。もし、それが理由で大した仕事はできないと思っているなら、とんでもない勘違いとなる。

一次情報から三次情報

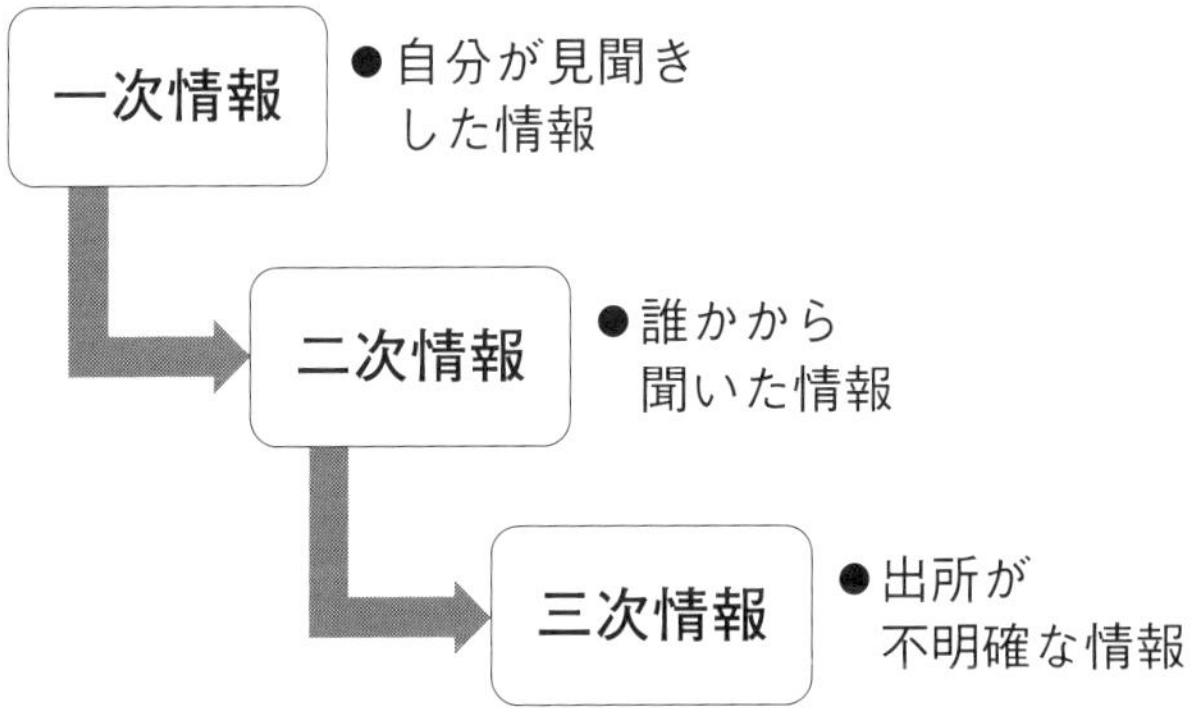

たしかに、年齢差を縮めることはできないが、経験の差を埋めることは可能である。ズバリ、「一次情報」を活用すればよいのだ。

一次情報とは、自らが直接人に会って、見聞きした現場情報のことである。現代の日本人が一日に接する情報量は、江戸時代の一般人が得られる一生分よりもかなり多いとされている。

とはいえ、情報は「量＝質」ではない。事実、インターネットの情報には信ぴょう性の低いものが多いということは知っているだろう。

収集すべきは「情報の源流」だ。本当に大切なことは、インターネット検索をしても出てこない。信頼できる人間関係を築き、そこから「生の情報」を得る以外に方法はない。このような一次情報には、他の情報とは比べものにならないほど圧倒的な価値がある。経験の差をカバーすることが十分にできるのだ。
よい仕事をする人は、一次情報に徹底的にこだわっているということを覚えておこう。

Episode

私が学術学会でお世話になっている金沢工業大学の古市達郎教授は、公安調査庁の出身である。公安調査庁と聞くと、スパイの極秘捜査をイメージする人も多いだろうが、そうでなくても日常的に情報活動は行われている。その際、やはり重要視されているのが一次情報だという。

一次情報は価値が高いので、言わずもがな仕入れにはお金がかかる。そこで、古市先生が嘆いていたのが、CIAと日本の公安調査庁との資金力の差だ。CIAとは「アメリカ中央情報局」の呼称で、国家安全保障会議に必要な情報を提供することが主任務として、他国の国家秘密の探索や情報収集などを行っている。

公安調査庁もCIAと連携して情報交換をすることがあるというが、毎年、情報収集にかける予算が桁違いに少ないという。一次情報の価値が軽視されているというわけではないだろうが、よい情報を得たいなら、それ相応の対価を支払わなければいけないということだ。

16 時間は「命の断片」

効率を妨げる最大の要因は時間に遅れることだ。

「約束した時間に遅刻しない」

これは仕事にかぎったものではなく、人生のあらゆるシーンで言われる基本中の基本である。だが、この基本を多くの人は、一体どれだけ大切にできているだろうか？　仮に、ここ半年の間で、「一度も時間に遅れたことはない」と胸を張って言える人は、そう多くないだろう。

一流と言われる秘書は、約束事があるとき、約一週間前から当日のシミュレーションを行い、三日前には支度を終え、前日には普段通りに就寝している。つまり、遅刻しないために入念な準備をして当日を迎えるのだ。

だから、一流の秘書は並大抵のことでは遅刻しない。これは、時間に対して「有限」であるという認識をもち、貴重な財産として取り扱っている証拠である。

「時は金なり」という言葉があるが、的を射ているとは言えない。もっと的確に表現すると、「時は命なり」だ。

時間は命の断片である。この考え方は、生産的な仕事を行ううえで極めて重要となる。時間は、あなたにとって何よりも大事な資源だ。よい仕事をする人は、そうした覚悟をもって取り組んでいることを忘れてはならない。だからこそ、常に時間にシビアに動くことができるのだ。

もし、学校で教師をしている人間が時間になっても登壇しなかったら、授業は成立しない（生徒は休みになると言って喜ぶかもしれないが……）。その後、効率的な勉強方法を解説したり、クラスで遅刻の指導をしたところでまるで説得力がない。

プロスポーツ選手が試合に遅刻するだろうか？　絶対にあり得ない。日々の練習であっても、遅刻するような者は厳しい競争のなかで脱落していくことになる。

私の経験上、「絶対に遅刻をしない」というだけで平均以上の人物にはなれる。「時間厳守」は、あなたのブランドになり得るということだ。「君に頼めば、期日をしっかり守ってくれる」と、相手に印象づけることができたら勝ちだ。

いくら小さな約束であろうが、時間に平気で遅れるような人とは距離を取ろう。約束の時間に三度続けて遅れてきたら、その人とは即刻縁を切ってかまわない。よい仕事の妨げになるだけだ。

逆に、あなたの時間を一分、一秒たりとも無駄にしまいとする人は、とことん大切にしよう。よい仕事をするための仲間として、生産性を最高潮に高めてくれるにちがいない。

「約束の時間を守れない人に、よい仕事はできない」と、デスクに張り紙をしておこう。

17 選択肢は三つ用意する

前節でも述べたように、よい仕事の最大の敵は「遅刻」となる。時間を守れない人は、どの業界に行っても例外なく信用されない。とはいえ、実際のところはどうなのだろうか。一緒に遊んだり、仕事をしていても、時間にルーズな人が大勢いるものだ。

「遅刻はするな！」

「時間を守れ！」

仲間や上司がこのようにがなり立てたところで、根性論では時間を守ることは難しい。都会を中心に、生活のスピードが速くなっているということもあるだろう。

人生には「三つの坂」があることをあなたは知っているだろうか。一つ目は「上り坂」、二つ目は「下り坂」、そして三つ目は「まさか」である。

人生において、「予期せぬ事態」は付きものだ。その例として、交通機関のトラブルが挙げられる。急いでいるときにかぎって、電車が遅延したり、自動車の渋滞に巻き込まれたりするものだ。

繰り返すが、人生は「まさか」の連続だ。だが、想定以上であっても、「想定外」は避けたいところだ。人は「まさか」を経験した数だけスキルが磨かれることになる。私は緊急事態の対応策について、株式会社ノエビアの元敏腕マネージャー、河合真琴さんから教わった。それは、「選択肢は三つ用意する」ということだ。これこそが、よい仕事をするための「隠れた秘訣」と言える。

彼女は現在、別の会社で会長秘書を勤めているのだが、交通手段を確保するときは、いつも三つの選択肢を準備しているという。仮に電車が止まってしまっても、バスなどを使って向かえるルートを事前に準備しておくのだ。置かれた状況に合わせて電車を乗り継ぐというのはまさにスキルだ。

「Aパターンがダメなら Bパターン、Bパターンがダメなら Cパターン」というように、よい仕事をする人は何重にも保険をかけている。このような仕事ぶりがゆえに、「君がいてよかった」と一目置かれるだけの信頼を築いている。

緊急事態が起きなければ、残り二つの選択肢が使われることはない。それでも、こうした縁の下で行われる下準備のおかげで、よい仕事をする人の高い生産性は支えられているのだ。

Episode

講師をしている知人の話だが、ある日、関西へ講演に行くために新宿駅から山手線に乗って品川駅に向かったのだが、架線トラブル

三つの選択肢

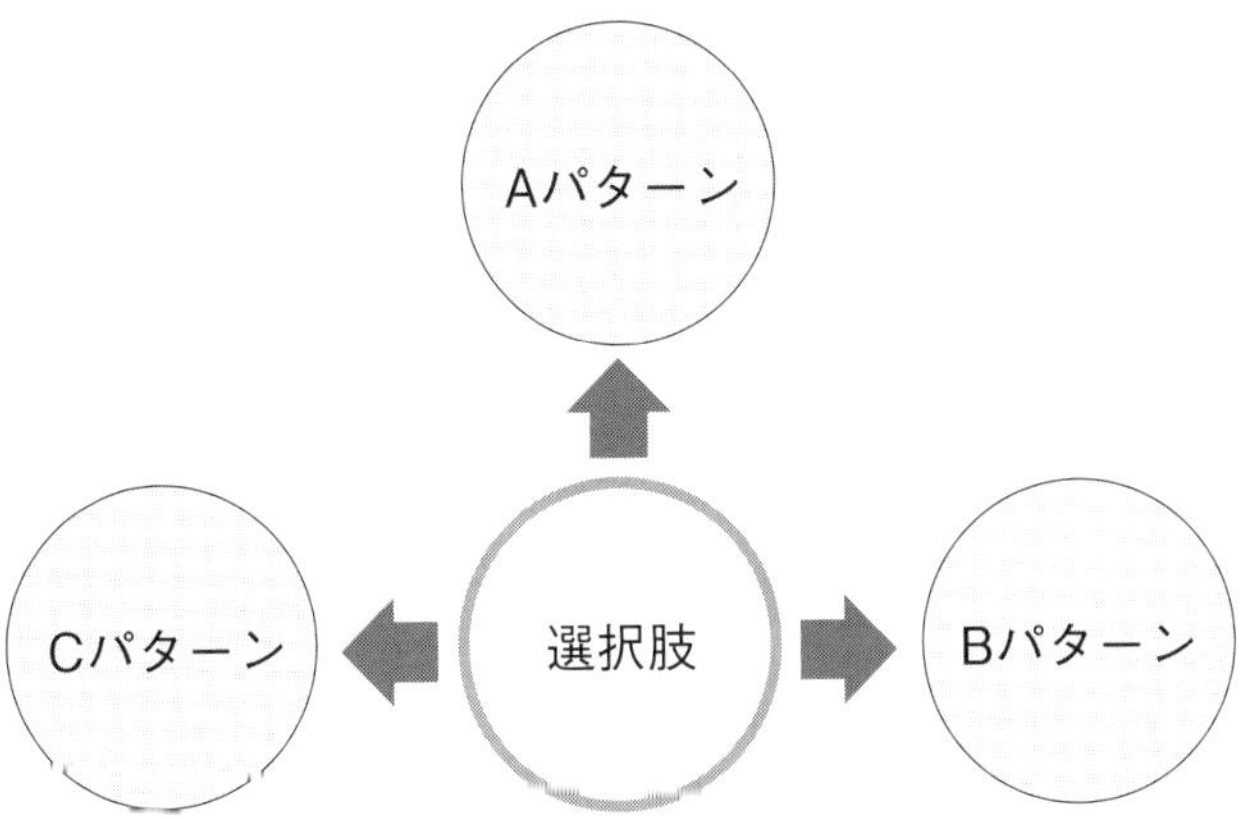

があって渋谷駅で内回り・外回りとも止まってしまったという。多少の時間的余裕があったのでバスで行くか……と思ったが、渋谷から品川までバスが走っているのかどうかを知らない。仮にあっても、バス停が混雑して、すぐには乗れないだろう。それでは夕クシーか……と思ったが、経済的にあまり得策とは言えない。

品川駅、多くの路線が走っているのだが、東京の西側にいた場合、地下鉄の路線が走っていないために山手線以外の交通手段がない。三〇分以上考えて思い付いたのが、半蔵門線で大手町に出て、そこから東京駅まで歩くという方法だった。これなら、三〇分ほどで新幹線に乗ることができる。機転の利く人ならすぐに選択する方法だろうが、知人は思い付くのに三〇分もかかってしまったとぼやいていた。

ちなみに、この方法、「ぷらっとこだま」というチケットを利用する場合、東京―品川間については別途料金がかかることをお忘れなく。

●メモ欄●

エピローグ――「当たり前」の反対とは？

　私が「世に出た」と言えるきっかけは、二〇一〇年、二四歳のときに書いた大学受験の参考書である。それから約八年、当時、高校生だった読者も二〇代になっている。そして、私自身は三〇代となった。そこで今回、少しばかり先輩の私から、これから社会を一緒に担う二〇代に向けて著したのが本書である。

　実は、私の又従兄弟《またいとこ》にあたる龍希《りゅうき》のことを想いながら本書を書いた。二〇一八年、二〇歳の誕生日を迎えるあなたにプレゼントしたい。

　全体を通してみても、とくに真新しい手法は書かれていなかったと思う。

「当たり前のことが当たり前にできる」

　簡単に聞こえる文言だが、実践するのは極めて難しい。だが、よい仕事をする人はウルトラCで乗り切らない。ぜひ、本書を繰り返し読むことで、仕事の基本を身につけてほしいと願っている。そして、得た情報の源流を辿るという努力もして欲しい。本書で引用した文章には一番アクセスしやすい出典を明記しているが、自分の目で再度確認して欲しい。そうすることで、きっと違った深い気づきが得られるのではないかと思っている。

加えて、もう一つ伝えたいことがある。それは、「感謝の気持ちを忘れない」ということだ。月並みなことかもしれないが、当たり前のことが当たり前にできるようになったとき、人はいつしか感謝の気持ちを忘れてしまっているものだ。それは、「当たり前」の反対が「感謝」だからだ。基本を磨き、感謝の気持ちを忘れなければ、いつかきっと「君がいてよかった」と言われる仕事に辿り着けるはずだ。

最後になるが、この本を世に送り出すにあたって、たくさんの人のお力添えをいただいた。まず、株式会社新評論の武市一幸社長には、今回、企画のオファーから編集まで親身にご指導いただき、大変お世話になった。最終原稿ができ上がるまでに、当初思っていた以上の時間がかかってしまった。それでも、長い目で温かく見守っていただけたことは大変ありがたかった。そのおかげで、よい本に仕上がったのではないかと自負している。この場をお借りして、心より御礼を申し上げたい。

また、いつも私を支えてくれている家族、仲間に心からの感謝を申し述べたい。私の挑戦を健康面からサポートしてくれる人間は家族以外にいない。さらに、多くの仲間が貴重な実体験を本書の執筆のために惜しみなく提供してくれた。こうした支援には頭が上がらない。これからも末長いお付き合いをしていただけるよう、私自身も精進していきたいと思う。

そして、読んでくれたみなさんに、「ありがとう」と言いたい。「この本を読んでよかった」と言ってもらえたら、著者として本望である。

小杉　樹彦

二〇一八年　一一月吉日

著者紹介

小杉樹彦（こすぎ・たつひこ）

1986年４月７日、東京都港区生まれ、品川区育ち。
株式会社Brave New World 代表取締役CEO
上武大学 ビジネス情報学部 助教
慶應義塾大学大学院修了後、約10年間にわたり一貫して教育業界に従事。インターナショナル・ビジネススクール専任講師を経て、教育ベンチャー KOSSUNグループ（現・株式会社Brave New World）を創業。高校生から社会人まで10～20代を中心に延べ3,000人を超えるキャリア支援を行う。
現在は、大学で教鞭を執るかたわら、教育評論家としてNHK Eテレ『テストの花道 ニューベンゼミ』、TOKYO MX『５時に夢中！』に出演するなど、テレビをはじめとした幅広いメディアで活動中。
専門分野は、経営学（リスクマネジメント、マーケティング）、教育学（キャリアデザイン）。
著書：『行列のできる公務員試験対策ゼミ』（日本橋出版、2018年）、『AO入試の赤本』（エール出版社、2017年）、『AO・推薦入試の黄本』（新評論、2016年）他多数。

本書に関する取材・講演・連載のご連絡は、こちらのお問合せ先へ
ブログ：http://ameblo.jp/kossun-official/
フェイスブック：https://www.facebook.com/tatsuhiko.kosugi.1
ツイッター：https://twitter.com/TatsuhikoKosugi

20代で身につけたい働き方の基本
「君がいてよかった」と言われる仕事のルール

2019年１月10日　初版第１刷発行

著　者　小　杉　樹　彦
発行者　武　市　一　幸

発行所　株式会社　新　評　論

〒169-0051
東京都新宿区西早稲田３-16-28
http://www.shinhyoron.co.jp

電話　03（3202）7391
FAX　03（3202）5832
振替・00160-1-113487

落丁・乱丁はお取り替えします。
定価はカバーに表示してあります。

印刷　フォレスト
製本　中永製本所
装丁　山田英春

ISBN978-4-7948-1111-0

新評論　好評既刊

A. リンドクウィスト&J. ウェステル／川上邦夫 訳

あなた自身の社会

スウェーデンの中学教科書

子どもたちに社会の何をどう教えるか。最良の社会科テキスト。
皇太子さま 45 歳の誕生日に朗読された詩『子ども』収録。

［A5 並製　228 頁　2200 円　　ISBN978-4-7948-0291-9］

ヨーラン・スバネリッド／鈴木賢志＋明治大学国際日本学部鈴木ゼミ編訳

スウェーデンの小学校社会科の教科書を読む

日本の大学生は何を感じたのか

民主制先進国の小学校教科書を日本の大学生が読んだら…？
「若者の政治意識」の生成を探求する明治大学版・白熱教室！

［四六並製　216 頁　1800 円　ISBN978-4-7948-1056-4］

吉田新一郎

増補版「読む力」はこうしてつける

優れた読み手はどのように読んでいるのか？そのスキルを意識化しない「本の読み方」、その教え方を具体的に指南！

［A5 並製　220 頁　2000 円　　ISBN978-4-7948-1083-0］

J・ウィルソン+L・ウィング・ジャン／吉田新一郎 訳

増補版　「考える力」はこうしてつける

2004 年初版以来、教員を中心に多くの読者を得てきた良質な教育書の待望の最新版！この 1 冊で教え方・授業の進め方が画期的に変わる！

［A5 並製　224 頁　2000 円　　ISBN978-4-7948-1087-8］

樋口雄一

新・大人のための〈読む力・書く力〉トレーニング

東大・慶應の小論文入試問題は知の宝庫

この一冊で"一生モノの文章術"が身につく！2000 年代後半以降の新動向を大幅加筆した最強・最新バージョン。

［四六並製　244 頁　1500 円　　ISBN978-4-7948-0796-0］

＊表示価格はすべて税抜本体価格です